中学英語 スーパードリル 単語練習帳

中1

東進ハイスクール・東進ビジネススクール講師
安河内哲也 監
Yasukochi Tetsuya

佐藤教育研究所主宰
佐藤誠司 著
Sato Seishi

英単語を学ぶみなさんへ

　英語の学習に、英単語の暗記は欠かせません。
　この本は、ただ単に単語の意味を覚えるだけの単語集ではなく、みなさんが将来英語を**使いこなせる**ようになるための**工夫**を詰め込んだ単語練習帳で、学年ごとに3冊の構成になっています。中学の教科書に頻出する単語を中心に、**中学生のうちに**身につけておいてほしい英単語を収録しています。

▶▶▶ 英単語を"音ごと"身につける理由

　英単語を覚えるときにはただ単に、単語を見てその意味を言えるようになるだけではなくて、**音や使い方と結びつけて勉強**することが非常に大切です。そこで本書では、音と使用例を重視した単語の勉強をみなさんにやっていただきたいと考えます。
　たとえば、cloud（雲）という単語を「クロウド」などと間違った音で覚えてしまうと、たとえcloud＝雲だということを覚えたとしても、いざ外国へ行って現地の人に向かって「雲」と言おうとして「クロウド」と発音したのでは、相手は**理解できない**かもしれません。
　つまり、単語を覚えるときには、「どのように発音するのか」「どのように使うのか」という視点を持って覚えていかなければ、ただ単に「意味が言えるだけの単語力」になってしまって、英語を話したり書いたりするときに、**役に立たない知識**になってしまうかもしれません。
　英語の発音を覚えるときには、発音記号も大切ですが、**ネイティブスピーカーの音**を聞いてまねをすることがとても大切です。ですから本書では、発音記号に加えて、ネイティブスピーカーの音声を使った練習をすることで、みなさんに正しい発音を覚えてもらうことを重視しています。

▶▶▶ 使用例でイメージづけを

　また、この単語集では、すべての英単語にその**使用例**をつけています。使用例は、"ミニマムフレーズ"と言われる**2語～5語**くらいで形成されている**ひとまとまりの表現**になっています。
　たとえば、mountain（山）という単語を覚えるときには、a high mountain（高い山）というフレーズで覚えたほうが、頭の中にイメージが浮かびやすいですし、イメージと一緒に単語が記憶に残りますね。また実際にmountainという単語を使うときには、a high mountainのように、フレーズの中で使われるわけですから、使用例ごと覚えておくと、**英作文やスピーキング**の際に**そのまま使う**ことができるのです。
　本書では、CDにもこのフレーズを収録。それらを聞いたりリピートしたりして練習することによって、**すぐに単語が使える**ようになることを目指していきます。

▶▶▶ さらに多彩な訓練で運用力アップ！

　スペリングにこだわりすぎることもよくありませんが、正確なスペリングをある程度身につけることは重要なことです。そこで本書では、すべての単語を手で書いて、つづりを身につけるための練習問題も用意しました。

　手を動かして書くという作業を加えることで、**目と耳と口と手をフル稼働**して単語を覚えることができるわけです。

　また、単語の意味を覚えたとしても、その単語の意味を思い出すのに**長い時間がかかっていてはいけません**。ですから本書では、CDを使った訓練や、口頭で単語を言ってみる訓練、またはランダムにシャッフルした単語のリストを見ながら、英語から日本語へ、日本語から英語へ、**すばやく**単語が言えるようにするトレーニングも作成しました。

　さらに、ただ単語を覚えるだけではなく、**文法的な側面**からわかりやすくまとめたページがあるのも、本書の大きなポイントです。

　ふつうの単語集では、たとえばalreadyやyetのような単語についてもその意味だけしか取り上げていませんが、本書(中3)では「現在完了形」という**まとめページ**を作成し、その中でこれらの使い方について説明しています。

　つまり本シリーズ3冊を通して使用すると、単語の意味のみならず、**文法的な重要ポイント**もあわせて学ぶことができるのです。

▶▶▶ 英語学習は体育！

　繰り返しになりますが、英語の勉強では常に音を使って、**耳や口を使った訓練**を行うことが非常に重要です。みなさんはこの本を、ただ目で見るだけではなくて、音声を沢山聞いて、沢山声に出してまねする学習をしてください。英語は**机だけで勉強する科目ではなく**、体育や音楽に似た要素をもった科目です。ぜひ**練習を中心とした英語学習**を心がけてほしいと思います。そうやってみなさんが身につける1つ1つの英単語は、**一生ものの財産**になります。

　それから、この本で勉強した単語を、普段の勉強で**実際に使って**みてください。また、単語を学ぶだけではなく、英語の文や文章を**読むための学習**にも本書を生かしてください。

　本書を通して、みなさんの英語学習がますます楽しいものになりますように！

安河内哲也／佐藤誠司

CONTENTS もくじ

英語を学ぶみなさんへ……………… 2　　この本の特長と使い方……………… 6

名詞編 （レッスン1～33）

レッスン1	自然① …………… 10	レッスン2	自然② …………… 12
レッスン3	動物① …………… 14	レッスン4	動物② …………… 16
レッスン5	飲食① …………… 18		

◆まとめて覚える！❶　名詞の使い方 ……………………………………… 20

レッスン6	飲食② …………… 22	レッスン7	住居① …………… 24
レッスン8	住居② …………… 26	レッスン9	着用品 …………… 28
レッスン10	学校① …………… 30		

●クイックレスポンステスト① ……………………………………………… 32

◆まとめて覚える！❷　英文の2つの基本形 ……………………………… 34

レッスン11	学校② …………… 36	レッスン12	飲食③ …………… 38
レッスン13	飲食④ …………… 40	レッスン14	人間 …………… 42
レッスン15	生活① …………… 44		

◆まとめて覚える！❸　代名詞の活用形 …………………………………… 46

レッスン16	生活② …………… 48	レッスン17	娯楽① …………… 50
レッスン18	娯楽② …………… 52	レッスン19	娯楽③ …………… 54
レッスン20	飲食⑤ …………… 56		

●クイックレスポンステスト② ……………………………………………… 58

◆まとめて覚える！❹　否定文について …………………………………… 60

レッスン21	飲食⑥ …………… 62	レッスン22	飲食⑦ …………… 64
レッスン23	スポーツ① ……… 66	レッスン24	スポーツ② ……… 68
レッスン25	スポーツ③ ……… 70		

◆まとめて覚える！❺　疑問文 ……………………………………………… 72

レッスン26	仕事	……	74	レッスン27	交通①	……	76
レッスン28	交通②	……	78	レッスン29	場所①	……	80
レッスン30	場所②	……	82				

- ●クイックレスポンステスト③ …………………………………………… 84
- ◆まとめて覚える！❻ 疑問詞を使った疑問文 …………………………… 86

| レッスン31 | 場所③ | …… | 88 | レッスン32 | 時間① | …… | 90 |
| レッスン33 | 時間② | …… | 92 | | | | |

- ◆まとめて覚える！❼ 動詞の現在形と過去形 ………………………… 94
- ◆まとめて覚える！❽ 家族を表す名詞 …………………………………… 96

動詞編 （レッスン34～40）

レッスン34	動詞①(規則動詞)	……	98	レッスン35	動詞②(規則動詞)	…	100
レッスン36	動詞③(規則動詞)	…	102	レッスン37	動詞④(規則動詞)	…	104
レッスン38	動詞⑤(規則動詞)	…	106	レッスン39	動詞⑥(不規則動詞)	…	108
レッスン40	動詞⑦(不規則動詞)	…	110				

- ●クイックレスポンステスト④ ………………………………………… 112
- ◆まとめて覚える！❾ 形容詞と副詞の使い方 ………………………… 114
- ◆まとめて覚える！❿ 体の一部を表す名詞 …………………………… 116

形容詞・副詞編 （レッスン41～50）

レッスン41	形容詞①	……	118	レッスン42	形容詞②	……	120
レッスン43	形容詞③	……	122	レッスン44	形容詞④	……	124
レッスン45	形容詞⑤	……	126				

- ◆まとめて覚える！⓫ 数字を覚えよう …………………………………… 128

レッスン46	形容詞⑥	……	130	レッスン47	形容詞⑦	……	132
レッスン48	副詞①	……	134	レッスン49	副詞②	……	136
レッスン50	副詞③	……	138				

- ●クイックレスポンステスト⑤ ………………………………………… 140
- ◆まとめて覚える！⓬ 前置詞の使い方 ………………………………… 142

さくいん …………………………… 144　　ドリルの正解いちらん …………… 147

この本の特長と使い方

本書は、シンプルな2つのステップを繰り返していくことで、中学生のうちに習得しておきたい英単語が効率的に身につきます。

まずは耳と口を使って単語練習！

左ページでは、本とMP3CDを使い、12の見出し語を学びます。英単語とコロケーション（熟語）のつづりや意味を確認しながら音声を聞いて、口に出して言うという反復練習を行います。つまり、耳と口を使った訓練を行います。

◎MP3CDには、見出し語（英語）→意味（日本語）→見出し語（英語）→コロケーション（英語）→意味（日本語）→コロケーション（英語）の順番で収録されています。

◎付属のMP3 CDのファイル（トラック）番号です。

レッスン 12　飲食 ③

まずは12の英単語について、つづりと発音を身につけましょう。文字を見ながらCDを聞き、後に続いて単語と熟語を言ってみましょう。

☐ 1	**rice** [ráis] ゥライス	米	**cook** rice	米[ごはん]をたく
☐ 2	**bread** [bréd] ブレッド	パン	**bake** bread	パンを焼く
☐ 3	**toast** [tóust] トウスト	トースト	toast **and** butter	バターをぬったトースト
☐ 4	**sandwich** [sǽndwitʃ] セァンドウィッチ	サンドイッチ	an **egg** sandwich	卵のサンドイッチ
☐ 5	**pizza** [pí:tsə] ピーツァ	ピザ	a pizza **box**	ピザの箱
☐ 6	**hot dog** [hát dɔ̀g] ハットドーグ	ホットドッグ	**eat** a hot dog	ホットドッグを食べる
☐ 7	**hamburger** [hǽmbə̀ːrgər] ヘァムバ〜ガ	ハンバーガー	Two hamburgers, **please**.	ハンバーガーを2つください。
☐ 8	**pasta** [pá:stə] パースタ	パスタ	**cook** pasta	パスタをゆでる
☐ 9	**noodle** [nú:dl] ヌードル	めん	a noodle **shop**	うどん[そば]屋
☐ 10	**curry** [ká:ri] カ〜リ	カレー	**eat** curry **and rice**	カレーライスを食べる
☐ 11	**pepper** [pépər] ペパ	コショウ	**salt and** pepper	塩とコショウ
☐ 12	**sauce** [sɔ́:s] ソース	ソース	pizza sauce	ピザソース

見出し語

このレッスンで勉強する12の英単語と語義（単語の意味）です。とくに注意が必要な語には、発音 アクセント つづり のマークがついています。

コロケーション

見出し語を使ったコロケーション（熟語）。見出し語単体ではなく、コロケーションも一緒に習得することで、"英単語を使う力"が身につきます！

◎太字になっているものは、熟語・慣用句として覚えるべきものです。

◎音声ダウンロードはコチラ

シリアルコードは **22174** です
※本サービスは予告なく変更・終了する場合があります

続いて口と手を使って単語練習！

右ページでは、AとBという2種類のプラクティスに取り組みます。Aは、日本語を見て英単語を言う＝口を使ったプラクティスで、Bは、空欄に適した単語を書き込む＝手を使ったプラクティスです。

◎ここでは原則としてMP3CDは使用しませんが、レッスン34～50のBは初出の英文が設問になっているので、英文を使ってリスニング＆音読練習ができるように、音声が収録されています（P147以降に正解文のいちらんと付属MP3 CDのファイル番号があります）。

A クイックレスポンスプラクティス

日本語とヒントのアルファベット（単語の1文字目）を見て、その単語を口に出して言うプラクティスです。単語の意味をしっかり覚えられたか確認できます。

B 和文つき英文完成（穴埋め）プラクティス

日本語を見て、空所に入る単語を書き込むプラクティスです。単語のつづりをきちんと身につけられたか確認できます。答え合わせ後、右の空欄でさらに書き取り練習をしましょう。

クイックレスポンステスト

10レッスンごとに、学習した120の単語を一気にまとめて復習できるページです。左ページでは英語を見て日本語を、右ページでは日本語を見て英語をどんどん言ってみましょう。間違えたところは、レッスンに戻ってもう一度復習しましょう（巻末にあるさくいんを使うと、見出し語が載っているページを調べられます）。

まとめて覚える！

見出し語として収録されている単語以外で、中1のうちに習得しておきたい単語について、わかりやすくまとめたページです。文法ルールと一緒に習得したほうがいいものや、グループでまとめて覚えたほうが効率がいいものばかりですので、しっかり読んで身につけましょう。

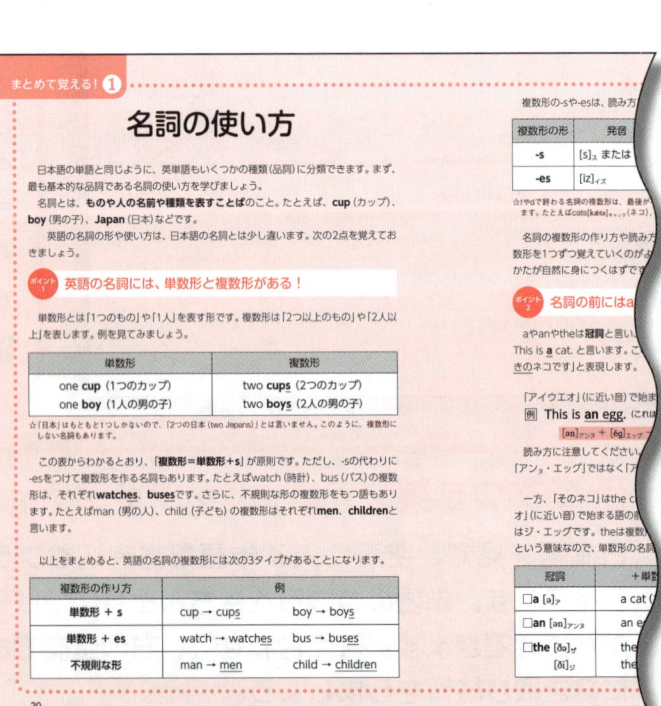

名詞編

ものや人の名前や種類を表すことば、名詞を身につけましょう。
レッスンは全部で33、合計396語の重要な名詞が習得できます。

レッスン 1 自然 ①

まずは12の英単語について、つづりと発音を身につけましょう。文字を見ながらCDを聞き、後に続いて単語と熟語を言ってみましょう。

□					
1	**water** [wɔ́:tər] ウォータ	水	drink water	水を飲む
2	**ice** [áis] アイス	氷	ice coffee	アイスコーヒー
3	**cloud** [kláud] クラウド	雲	a big cloud	大きな雲
4	**rain** [réin] ゥレインヌ	雨	a long rain	長雨
5	**wind** [wínd] ウィンド	風	a cold wind	冷たい風
6	**storm** [stɔ́:rm] ストーム	嵐	a sea storm	海の嵐
7	**snow** [snóu] スノウ	雪	a **heavy snow**	大雪
8	**mountain** [máuntən] マウントゥンヌ	山	a high mountain	高い山
9	**hill** [híl] ヒル	丘；小山	go up a hill	丘を登る
10	**river** [rívər] ゥリヴァ	川	go down the river	川を下る
11	**lake** [léik] レイク	湖	fish in the lake	湖でつりをする
12	**sea** [sí:] スィー	海	swim in the sea	海で泳ぐ

| 学習日 | 月 日 | 月 日 | 月 日 |

A 日本語とヒントのアルファベットを見て、単語を口に出して言ってみましょう。

① 水　➡ w□□□□　② 氷　➡ i□□　③ 雲　➡ c□□□□
④ 雨　➡ r□□□　⑤ 風　➡ w□□□　⑥ 嵐　➡ s□□□□
⑦ 雪　➡ s□□□　⑧ 山　➡ m□□□□□□□　⑨ 丘；小山 ➡ h□□□
⑩ 川　➡ r□□□□　⑪ 湖　➡ l□□□　⑫ 海　➡ s□□

B 日本語を見て、空所に入る英単語を書きましょう。左ページで単語のつづりを確認したら、右の余白にもう2回、書いて練習しましょう。

① **drink** _____
[水を飲む] ☆「お湯」は hot water (熱い水) と言います。

② _____ **coffee**
[アイスコーヒー]

③ **a big** _____
[大きな雲] ☆[l]の音は、舌先を口内の上部にくっつけて発音します。

④ **a long** _____
[長雨] ☆[r]の音は、舌先を口の上部につけずに、くちびるを少しすぼめて発音します。

⑤ **a cold** _____
[冷たい風]

⑥ **a sea** _____
[海の嵐]

⑦ **a heavy** _____
[大雪]

⑧ **a high** _____
[高い山] ☆mountain を短くした Mt. は「〜山」の意味で、Mt. Fuji (富士山) のように使います。

⑨ **go up a** _____
[丘を上る]

⑩ **go down the** _____
[川を下る] ☆er [ər] (アー) の発音は、力を抜いて「ア」と軽く言った後、舌先を丸めて口の奥に入れる感じで「ル」の音を出すつもりで言ってみましょう。

⑪ **fish in the** _____
[湖でつりをする]

⑫ **swim in the** _____
[海で泳ぐ] ☆[s]の音は、「イ」の音を出すときと同じ口の形で、歯と歯の間から息を出すつもりで読んでみてください。

レッスン 2 自然 ②

まずは12の英単語について、つづりと発音を身につけましょう。文字を見ながらCDを聞き、後に続いて単語と熟語を言ってみましょう。

☐ 1	**nature** [néitʃər] ネイチャ	自然	love nature	自然を愛する
☐ 2	**sky** [skái] スカイ	空	fly in the sky	空を飛ぶ
☐ 3	**star** [stá:r] スター	星	star watching	星の観測
☐ 4	**sun** [sÁn] サンヌ	太陽	**the rising sun**	上っている太陽；朝日
☐ 5	**moon** [mú:n] ムーンヌ	月	**a full moon**	満月
☐ 6	**earth** つづり [ə́:rθ] アース	地球；土地	The earth goes around the sun.	地球は太陽のまわりを回る。
☐ 7	**land** [lǽnd] レァンド	陸地；土地	have small land	小さな土地を持っている
☐ 8	**ground** 発音 [gráund] グラウンド	地面；グラウンド	walk on the ground	地面の上を歩く
☐ 9	**beach** [bí:tʃ] ビーチ	浜辺；海岸	go to the beach	浜辺へ行く
☐ 10	**air** つづり [ɛ́ər] エア	空気	clean air	きれいな空気
☐ 11	**fire** [fáiər] ファイア	火	**make a fire**	火をおこす
☐ 12	**smoke** 発音 [smóuk] スモウク	煙	black smoke	黒い煙

| 学習日 | 月 日 | 月 日 | 月 日 |

A 日本語とヒントのアルファベットを見て、単語を口に出して言ってみましょう。

① 自然　　➡ n□□□□□　② 空　　　➡ s□□　　③ 星　　　➡ s□□□
④ 太陽　　➡ s□□　　　　⑤ 月　　　➡ m□□□　⑥ 地球；土地 ➡ e□□□□
⑦ 陸地；土地 ➡ l□□□　　⑧ 地面；グランド ➡ g□□□□□ ⑨ 浜辺；海岸 ➡ b□□□□
⑩ 空気　　➡ a□□　　　　⑪ 火　　　➡ f□□□　⑫ 煙　　　➡ s□□□□

B 日本語を見て、空所に入る英単語を書きましょう。左ページで単語のつづりを確認したら、右の余白にもう2回、書いて練習しましょう。

① **love** _____
[自然を愛する] ☆形容詞は natural [nǽtʃərəl]ナチュラル(自然の)。

② **fly in the** _____
[空を飛ぶ]

③ _____ **watching**
[星の観測]

④ **the rising** _____
[上っている太陽；朝日] ☆太陽など、この世に1つしかないものには the をつけます。

⑤ **a full** _____
[満月]

⑥ **The** _____ **goes around the sun.**
[地球は太陽のまわりを回る。] ☆つづり字に注意。

⑦ **have small** _____
[小さな土地を持っている]

⑧ **walk on the** _____
[地面の上を歩く] ☆「グランド」と読まないように。

⑨ **go to the** _____
[浜辺へ行く]

⑩ **clean** _____
[きれいな空気] ☆つづり字に注意。

⑪ **make a** _____
[火をおこす] ☆「火事」の意味でも使います。

⑫ **black** _____
[黒い煙] ☆「スモーク」と読まないように。つづり字の o を「オー」と読むことはありません。

レッスン 3 動物 ①

まずは12の英単語について、つづりと発音を身につけましょう。文字を見ながらCDを聞き、後に続いて単語と熟語を言ってみましょう。

□				
1	**animal** [ǽnəməl] エァナマル	動物	a wild animal	野生動物
2	**dog** [dɔ́ːg] ドーグ	犬	This is my dog.	これは私の犬です。
3	**puppy** [pʌ́pi] パピ	子犬	a cute puppy	かわいい子犬
4	**cat** [kǽt] キャット	ネコ	a black cat	黒ネコ
5	**mouse** [máus] マウス	ネズミ	a little mouse	小さなネズミ
6	**rabbit** [rǽbit] ゥレァビット	ウサギ	a white rabbit	白いウサギ
7	**lion** [láiən] ライアンヌ	ライオン	a lion in the zoo	動物園のライオン
8	**tiger** [táigər] タイガ	トラ	a big tiger	大きなトラ
9	**cow** 発音 [káu] カウ	牛	a milk cow	乳牛
10	**horse** [hɔ́ːrs] ホース	馬	ride a horse	馬に乗る
11	**pig** [píg] ピッグ	豚	a baby pig	子豚
12	**chicken** [tʃíkən] チキンヌ	鶏	keep chickens	鶏を飼っている

| 学習日 | 月 日 | 月 日 | 月 日 |

A 日本語とヒントのアルファベットを見て、単語を口に出して言ってみましょう。

① 動物 ➡ a□□□□□　② 犬 ➡ d□□　③ 子犬 ➡ p□□□□
④ ネコ ➡ c□□　　　　⑤ ネズミ ➡ m□□□□　⑥ ウサギ ➡ r□□□□□
⑦ ライオン ➡ l□□□　⑧ トラ ➡ t□□□□　⑨ 牛 ➡ c□□
⑩ 馬 ➡ h□□□□　　　⑪ 豚 ➡ p□□　　　　⑫ 鶏 ➡ c□□□□□□

B 日本語を見て、空所に入る英単語を書きましょう。左ページで単語のつづりを確認したら、右の余白にもう2回、書いて練習しましょう。

① **a wild** _____
[野生動物]　☆「獣医」は animal doctor（またはvet）と言います。

② **This is my** _____ .
[これは私の犬です。]

③ **a cute** _____
[かわいい子犬]

④ **a black** _____
[黒ネコ]　☆子ネコは kitten [kítn]キトゥン、kitty [kíti]キティ と言います。

⑤ **a little** _____
[小さなねずみ]　☆小型のネズミのこと。大型の（ドブ）ネズミは rat [rǽt]ラェット と言います。なお、複数形は mice [máis]マイス です。

⑥ **a white** _____
[白いウサギ]　☆飼われているウサギのこと。野ウサギは hare [hɛ́ər]ヘァ と言います。

⑦ **a** _____ **in the zoo**
[動物園のライオン]

⑧ **a big** _____
[大きなトラ]

⑨ **a milk** _____
[乳牛]　☆発音に注意。つづり字の ow は [au]（アウ）と読むことがあります。

⑩ **ride a** _____
[馬に乗る]　☆水をまくのに使うホースは hose [hóuz]ホウズ。

⑪ **a baby** _____
[子豚]

⑫ **keep** _____
[鶏を飼っている]　☆「鶏肉」の意味でも使います。

レッスン 4 動物 ②

まずは12の英単語について、つづりと発音を身につけましょう。文字を見ながらCDを聞き、後に続いて単語と熟語を言ってみましょう。

□	単語	意味	例	訳
1	**fish** [fíʃ] フィッシュ	魚	catch a big fish	大きな魚をつかまえる
2	**bird** つづり [bə́ːrd] バード	鳥	bird watching	鳥の観察；バードウォッチング
3	**pet** [pét] ペット	ペット	have a pet	ペットを飼っている
4	**doghouse** アクセント [dɔ́ghàus] ドーグハウス	犬小屋	make a doghouse	犬小屋を作る
5	**tail** [téil] テイル	尾	the tail of a cat	ネコのしっぽ
6	**plant** [plǽnt] プレァント	植物	plants and animals	動植物
7	**grass** つづり [grǽs] グレァス	草	cut grass	草[芝生]を刈る
8	**flower** 発音 [fláuər] フラウア	花	a flower bed	花壇
9	**rose** [róuz] ゥロウズ	バラ	a red rose	赤いバラ
10	**tulip** [tjúːlip] テューリップ	チューリップ	a yellow tulip	黄色いチューリップ
11	**tree** [tríː] トゥリー	木	a big tree	大きな木
12	**branch** [brǽntʃ] ブレァンチ	枝	a small branch	小さな枝

| 学習日 | 月 日 | 月 日 | 月 日 |

A 日本語とヒントのアルファベットを見て、単語を口に出して言ってみましょう。

① 魚　　➡ f□□□　　② 鳥　➡ b□□□　　③ ペット ➡ p□□
④ 犬小屋 ➡ d□□□□□□□　⑤ 尾　➡ t□□□　　⑥ 植物　 ➡ p□□□□
⑦ 草　　➡ g□□□□　　⑧ 花　➡ f□□□□□　⑨ バラ　 ➡ r□□□
⑩ チューリップ ➡ t□□□□　⑪ 木　➡ t□□□　　⑫ 枝　　 ➡ b□□□□□

B 日本語を見て、空所に入る英単語を書きましょう。左ページで単語のつづりを確認したら、右の余白にもう2回、書いて練習しましょう。

① catch a big _____
[大きな魚をつかまえる] ☆「2ひきの魚」は two fish と言います(fish は単数形と同じ形です)。

② _____ watching
[鳥の観察；バードウォッチング] ☆ir は「アー」と読みます。つづりに注意。

③ have a _____
[ペットを飼っている]

④ make a _____
[犬小屋を作る] ☆「犬の家→犬小屋」です。dog + house のように名詞を2つ並べて作った語は、前を強く読みます。

⑤ the _____ of a cat
[ネコのしっぽ]

⑥ _____ and animals
[動植物] ☆and の前後を入れかえてもかまいません。

⑦ cut _____
[草[芝生]を刈る] ☆glass(グラス、ガラス)とつづりがまぎらわしいので注意。

⑧ a _____ bed
[花壇] ☆「フラワー」と読まないように。

⑨ a red _____
[赤いバラ]

⑩ a yellow _____
[黄色いチューリップ]

⑪ a big _____
[大きな木] ☆「ツリー」と読まないように。

⑫ a small _____
[小さな枝]

レッスン 5　飲食 ①

まずは12の英単語について、つづりと発音を身につけましょう。文字を見ながらCDを聞き、後に続いて単語と熟語を言ってみましょう。

☐ 1	**food** [fúːd] フード	食べ物	good food	おいしい食べ物
☐ 2	**vegetable** [védʒətəbl] ベヂタブル	野菜	eat vegetables	野菜を食べる
☐ 3	**potato** 〈アクセント〉 [pətéitou] パテイトウ	ジャガイモ	a potato salad	ポテトサラダ
☐ 4	**carrot** [kǽrət] キャラット	ニンジン	cut a carrot	ニンジンを切る
☐ 5	**onion** 〈発音〉 [ʌ́njən] アニャンヌ	タマネギ	onion soup	タマネギのスープ
☐ 6	**tomato** 〈アクセント〉 [təméitou] タメイトウ	トマト	a red tomato	赤いトマト
☐ 7	**corn** [kɔ́ːrn] コーンヌ	トウモロコシ	a corn field	トウモロコシ畑
☐ 8	**meal** [míːl] ミール	食事	have a light meal	軽い食事をとる
☐ 9	**breakfast** 〈発音〉 [brékfəst] ブレックファスト	朝食	eat breakfast	朝食を食べる
☐ 10	**lunch** [lʌ́ntʃ] ランチ	昼食	a school lunch	学校での昼食；学校給食
☐ 11	**dinner** [dínər] ディナ	ディナー；夕食	make dinner	ディナーを作る
☐ 12	**supper** [sʌ́pər] サパ	夕食	a light supper	軽い夕食

| 学習日 | 月 日 | 月 日 | 月 日 |

A 日本語とヒントのアルファベットを見て、単語を口に出して言ってみましょう。

① 食べ物 ➡ f□□□　② 野菜 ➡ v□□□□□□□　③ ジャガイモ ➡ p□□□□□□
④ ニンジン ➡ c□□□□□　⑤ タマネギ ➡ o□□□□　⑥ トマト ➡ t□□□□□□
⑦ トウモロコシ ➡ c□□□　⑧ 食事 ➡ m□□□　⑨ 朝食 ➡ b□□□□□□□□
⑩ 昼食 ➡ l□□□□　⑪ ディナー；夕食 ➡ d□□□□□　⑫ 夕食 ➡ s□□□□□

B 日本語を見て、空所に入る英単語を書きましょう。左ページで単語のつづりを確認したら、右の余白にもう2回、書いて練習しましょう。

① **good** _____
［おいしい食べ物］☆「日本料理」は Japanese food と言います。

② **eat** _____
［野菜を食べる］☆[v]と[b]の音を区別しましょう。[v]は上の歯で下くちびるをかむようにして発音します。

③ **a** _____ **salad**
［ポテトサラダ］☆「ポテト」と読まないように。

④ **cut a** _____
［ニンジンを切る］

⑤ _____ **soup**
［タマネギのスープ］☆「オニオン」と読まないように。

⑥ **a red** _____
［赤いトマト］☆「トマト」と読まないように。

⑦ **a** _____ **field**
［トウモロコシ畑］

⑧ **have a light** _____
［軽い食事をとる］

⑨ **eat** _____
［朝食を食べる］☆発音に注意。「ブレイクファスト」と読まないように。

⑩ **a school** _____
［学校での昼食；学校給食］

⑪ **make** _____
［ディナーを作る］☆1日のメインの食事のこと。ふつうは夕食ですが、昼食がディナーの場合もあります。

⑫ **a light** _____
［軽い夕食］

名詞の使い方

まとめて覚える！❶

　日本語の単語と同じように、英単語もいくつかの種類（品詞）に分類できます。まず、最も基本的な品詞である名詞の使い方を学びましょう。
　名詞とは、**ものや人の名前や種類を表すことば**のこと。たとえば、**cup**（カップ）、**boy**（男の子）、**Japan**（日本）などです。
　英語の名詞の形や使い方は、日本語の名詞とは少し違います。次の2点を覚えておきましょう。

 英語の名詞には、単数形と複数形がある！

　単数形とは「1つのもの」や「1人」を表す形です。複数形は「2つ以上のもの」や「2人以上」を表します。例を見てみましょう。

単数形	複数形
one **cup**（1つのカップ）	two **cups**（2つのカップ）
one **boy**（1人の男の子）	two **boys**（2人の男の子）

☆「日本」はもともと1つしかないので、「2つの日本（two Japans）」とは言いません。このように、複数形にしない名詞もあります。

　この表からわかるとおり、「**複数形＝単数形＋s**」が原則です。ただし、-sの代わりに-esをつけて複数形を作る名詞もあります。たとえばwatch（時計）、bus（バス）の複数形は、それぞれ**watches**、**buses**です。さらに、不規則な形の複数形をもつ語もあります。たとえばman（男の人）、child（子ども）の複数形はそれぞれ**men**、**children**と言います。

　以上をまとめると、英語の名詞の複数形には次の3タイプがあることになります。

複数形の作り方	例	
単数形 ＋ s	cup → cup<u>s</u>	boy → boy<u>s</u>
単数形 ＋ es	watch → watch<u>es</u>	bus → bus<u>es</u>
不規則な形	man → <u>men</u>	child → <u>children</u>

複数形の-sや-esは、読み方にも注意しましょう。いくつか例を見てみましょう。

複数形の形	発音	例	
-s	[s]ス または [z]ズ	cups[kʌ́ps]カップス	boys[bɔ́iz]ボイズ
-es	[iz]イズ	watches[wátʃiz]ワッチィズ	buses[bʌ́siz]バスィズ

☆tやdで終わる名詞の複数形は、最後が-ts、-dsという形になります。これらはそれぞれ[ts]ッ、[dz]ッと読みます。たとえばcats[kǽts]キャッツ(ネコ)、cards[káːrdz]カーツ(カード)などです。

名詞の複数形の作り方や読み方には一定のルールがありますが、それぞれの語の複数形を1つずつ覚えていくのがよいでしょう。声に出して読んでいるうちに、発音のしかたが自然に身につくはずです。

 名詞の前にはa[an]やtheをつけることが多い。

aやanやtheは**冠詞**と言い、名詞の前に置きます。たとえば「これはネコです」は、This is **a** cat. と言います。この**a**は「**1つ[1人]の**」という意味で、英語では「これは1ぴきのネコです」と表現します。

「アイウエオ」(に近い音)で始まる名詞の前では、aの代わりにanを使います。

例 This is **an egg**. (これは(1つの)卵です)

[ən]アンヌ + [ég]エッグ → [ənég]アネッグ

読み方に注意してください。a**n**+**e**ggは、nとeがつながって「ネ」の音になるので、「アンヌ・エッグ」ではなく「アネッグ」と聞こえます。

一方、「そのネコ」はthe catと言います。**the**[ðə]ザは「**その**」という意味。「アイウエオ」(に近い音)で始まる語の前では[ði]ジと読みます。たとえばthe egg (その卵)の発音はジ・エッグです。theは複数形の名詞の前にも置けますが、a[an]は「1つ[1人]の」という意味なので、単数形の名詞の前だけに置きます。

冠詞	+単数形の名詞	+複数形の名詞
□**a** [ə]ア	a cat (1ぴきのネコ)	×
□**an** [ən]アンヌ	an egg (1つの卵)	×
□**the** [ðə]ザ [ði]ジ	the cat (そのネコ) the egg (その卵)	the cats (そのネコたち) the eggs (その(複数の)卵)

レッスン6 飲食 ②

まずは12の英単語について、つづりと発音を身につけましょう。文字を見ながらCDを聞き、後に続いて単語と熟語を言ってみましょう。

	単語	意味	熟語	訳
☐ 1	**fruit** (つづり) [frúːd] フルート	くだもの	fresh fruit	新鮮なくだもの
☐ 2	**apple** [ǽpl] エァプル	リンゴ	an apple pie	アップルパイ
☐ 3	**orange** (アクセント) [ɔ́ːrindʒ] オーリンヂ	オレンジ	orange juice	オレンジジュース
☐ 4	**melon** [mélən] メランヌ	メロン	cut a melon	メロンを切る
☐ 5	**banana** (アクセント) [bənǽnə] ベアネアナ	バナナ	a sweet banana	甘いバナナ
☐ 6	**lemon** [lémən] レマンヌ	レモン	tea with lemon	レモンティー
☐ 7	**grape** [gréip] グレイプ	ブドウ	**sour grapes**	すっぱいブドウ；負けおしみ
☐ 8	**peach** [píːtʃ] ピーチ	桃	a peach color	桃色
☐ 9	**sugar** [ʃúgər] シュガ	砂糖	sugar candy	砂糖菓子
☐ 10	**honey** [hʌ́ni] ハニ	ハチミツ	sweet honey	甘いハチミツ
☐ 11	**jam** [dʒǽm] ヂャム	ジャム	strawberry jam	イチゴジャム
☐ 12	**salt** (発音) [sɔ́ːlt] ソールト	塩	cooking salt	料理用の塩

| 学習日 | 月 日 | 月 日 | 月 日 |

A　日本語とヒントのアルファベットを見て、単語を口に出して言ってみましょう。

① くだもの ➡ f☐☐☐☐　② リンゴ ➡ a☐☐☐☐　③ オレンジ ➡ o☐☐☐☐☐
④ メロン ➡ m☐☐☐☐　⑤ バナナ ➡ b☐☐☐☐☐　⑥ レモン ➡ l☐☐☐☐
⑦ ブドウ ➡ g☐☐☐☐　⑧ 桃 ➡ p☐☐☐☐　⑨ 砂糖 ➡ s☐☐☐☐
⑩ ハチミツ ➡ h☐☐☐☐　⑪ ジャム ➡ j☐☐　⑫ 塩 ➡ s☐☐☐

B　日本語を見て、空所に入る英単語を書きましょう。左ページで単語のつづりを確認したら、右の余白にもう2回、書いて練習しましょう。

① **fresh** _____
[新鮮なくだもの] ☆つづりに注意。複数形にはsをつけますが、ふつうは単数形で使います。

② **an** _____ **pie**
[アップルパイ] ☆英語の音に近いカタカナで表すと、「アップル」ではなく、「エァプル」や「エポゥ」になります。

③ _____ **juice**
[オレンジジュース] ☆アクセントの位置に注意。「レ」を強く読まないように。

④ **cut a** _____
[メロンを切る]

⑤ **a sweet** _____
[甘いバナナ] ☆アクセントの位置に注意。

⑥ **tea with** _____
[レモンティー]

⑦ **sour** _____
[すっぱいブドウ；負けおしみ] ☆「ブドウ」はふつうは複数形で表します。

⑧ **a** _____ **color**
[桃色]

⑨ _____ **candy**
[砂糖菓子]

⑩ **sweet** _____
[甘いハチミツ]

⑪ **strawberry** _____
[イチゴジャム]

⑫ **cooking** _____
[料理用の塩] ☆alは「オール」と読みます。

レッスン 7 住居 ①

まずは12の英単語について、つづりと発音を身につけましょう。文字を見ながらCDを聞き、後に続いて単語と熟語を言ってみましょう。

☐ 1	**house** [háus] ハウス	家	build a house	家を建てる
☐ 2	**apartment** [əpáːrtmənt] アパートメント	アパート	an apartment building	アパートの建物
☐ 3	**gate** [géit] ゲイト	門	in front of the gate	門の前に
☐ 4	**window** [wíndou] ウィンドウ	窓	open the windows	窓を開ける
☐ 5	**wall** [wɔ́ːl] ウォール	壁	a white wall	白い壁
☐ 6	**floor** [flɔ́ːr] フロー	床；階	clean the floor	床をきれいにする
☐ 7	**room** [rúːm] ゥルーム	部屋	a large room	大きな部屋
☐ 8	**door** [dɔ́ːr] ドー	ドア	close the door	ドアを閉める
☐ 9	**bell** [bél] ベル	ベル	ring a bell	ベルを鳴らす
☐ 10	**doorbell** [dɔ́ːrbèl] ドーベル （アクセント）	玄関のベル	hear the doorbell	玄関のベルの音が聞こえる
☐ 11	**bed** [béd] ベッド	ベッド	**Make your bed.**	〈起きた後で〉ベッドを整えなさい。
☐ 12	**bedroom** [bédrùːm] ベッドルーム	寝室	a two-bedroom house	寝室が2つある家

A 日本語とヒントのアルファベットを見て、単語を口に出して言ってみましょう。

① 家 ➡ h□□□□ ② アパート ➡ a□□□□□□□□ ③ 門 ➡ g□□□
④ 窓 ➡ w□□□□□ ⑤ 壁 ➡ w□□□ ⑥ 床；階 ➡ f□□□□
⑦ 部屋 ➡ r□□□ ⑧ ドア ➡ d□□□ ⑨ ベル ➡ b□□□
⑩ 玄関のベル ➡ d□□□□□□□ ⑪ ベッド ➡ b□□ ⑫ 寝室 ➡ b□□□□□□

B 日本語を見て、空所に入る英単語を書きましょう。左ページで単語のつづりを確認したら、右の余白にもう2回、書いて練習しましょう。

① build a _____
[家を建てる]

② an _____ building
[アパートの建物] ☆空所に入る語は(単独で使うと)アパートの1室[世帯]のこと。

③ in front of the _____
[門の前に]

④ open the _____
[窓を開ける]

⑤ a white _____
[白い壁] ☆発音に注意。つづり字のlの前のaは[ɔː](オー)と読みます。

⑥ clean the _____
[床をきれいにする] ☆建物の「階」の意味でも使います。

⑦ a large _____
[大きな部屋]

⑧ close the _____
[ドアを閉める]

⑨ ring a _____
[ベルを鳴らす]

⑩ hear the _____
[玄関のベルの音が聞こえる] ☆アクセントの位置に注意。前を強く読みます。

⑪ Make your _____ .
[〈起きた後で〉ベッドを整えなさい。]

⑫ a two-_____ house
[寝室が2つある家] ☆前を強く読みます。

レッスン8 住居②

まずは12の英単語について、つづりと発音を身につけましょう。文字を見ながらCDを聞き、後に続いて単語と熟語を言ってみましょう。

	単語	意味	熟語	訳
☐ 1	**bath** [bǽθ] バス	ふろ	have [take] a bath	おふろに入る
☐ 2	**bathroom** アクセント [bǽθrùːm] バスルーム	浴室；トイレ	clean the bathroom	浴室[トイレ]のそうじをする
☐ 3	**shower** 発音 [ʃáuər] シャウア	シャワー	have [take] a shower	シャワーを浴びる
☐ 4	**soap** 発音 つづり [sóup] ソウプ	石けん	a cake of soap	1個の石けん
☐ 5	**towel** 発音 [táuəl] タウアル	タオル	a dry towel	乾いたタオル
☐ 6	**kitchen** つづり [kítʃən] キッチンヌ	台所	work in the kitchen	台所で働く
☐ 7	**table** [téibl] テイブル	テーブル	set the table	食卓のしたくをする
☐ 8	**cup** [kʌ́p] カップ	カップ	a cup of coffee	カップ1ぱいのコーヒー
☐ 9	**glass** [glǽs] グレァス	グラス；ガラス	a glass of water	グラス1ぱいの水
☐ 10	**bottle** [bátl] バトル	びん	a bottle of wine	1本〈のびん〉のワイン
☐ 11	**can** [kǽn] キャンヌ	缶	open a can of fruit	フルーツの入った缶を開ける
☐ 12	**garden** [gáːrdn] ガードゥンヌ	庭	flowers in the garden	庭の花

A 日本語とヒントのアルファベットを見て、単語を口に出して言ってみましょう。

① ふろ ➡ b□□□
② 浴室；トイレ ➡ b□□□□□□
③ シャワー ➡ s□□□□□
④ 石けん ➡ s□□□
⑤ タオル ➡ t□□□□
⑥ 台所 ➡ k□□□□□□
⑦ テーブル ➡ t□□□□
⑧ カップ ➡ c□□
⑨ グラス；ガラス ➡ g□□□□
⑩ びん ➡ b□□□□□
⑪ 缶 ➡ c□□
⑫ 庭 ➡ g□□□□□

B 日本語を見て、空所に入る英単語を書きましょう。左ページで単語のつづりを確認したら、右の余白にもう2回、書いて練習しましょう。

① **have a** _____
[おふろに入る]

② **clean the** _____
[浴室[トイレ]のそうじをする] ☆英米の住宅では浴室とトイレが一体なので、「浴室」と「トイレ」を同じ語で表します。

③ **have a** _____
[シャワーを浴びる] ☆「シャワー」と読まないように。

④ **a cake of** _____
[1個の石けん] ☆soup（スープ）とつづりがまぎらわしいので注意。

⑤ **a dry** _____
[乾いたタオル] ☆「タオル」と読まないように。

⑥ **work in the** _____
[台所で働く] ☆つづりに注意。

⑦ **set the** _____
[食卓のしたくをする]

⑧ **a** _____ **of coffee**
[カップ1ぱいのコーヒー] ☆カップには暖かい飲み物を入れます。

⑨ **a** _____ **of water**
[グラス1ぱいの水] ☆グラスには冷たい飲み物を入れます。

⑩ **a** _____ **of wine**
[1本〈のびん〉のワイン]

⑪ **open a** _____ **of fruit**
[フルーツの入った缶を開ける] ☆日本語の「缶」は英語からきたことばです。

⑫ **flowers in the** _____
[庭の花]

レッスン9 着用品

まずは12の英単語について、つづりと発音を身につけましょう。文字を見ながらCDを聞き、後に続いて単語と熟語を言ってみましょう。

□	単語	意味	熟語	訳
1	**cap** [kǽp] キャップ	ぼうし	a baseball cap	野球のぼうし
2	**hat** [hǽt] ヘァット	ぼうし	a beach hat	ビーチハット
3	**dress** [drés] ドゥレス	ドレス；衣服	a wedding dress	ウェディングドレス
4	**ribbon** [ríbən] ゥリバンヌ	リボン	a cute ribbon	かわいいリボン
5	**coat** [kóut] コウト	コート	a winter coat	冬用のコート
6	**overcoat** (アクセント) [óuvərkòut] オウヴァコウト	オーバー	put on an overcoat	オーバーを着る
7	**apron** (発音) [éiprən] エイプランヌ	エプロン	a kitchen apron	台所用のエプロン
8	**bag** [bǽg] ベァグ	バッグ；袋	a shoulder bag	ショルダーバッグ
9	**handbag** (アクセント) [hǽndbæg] ヘァンドベァグ	ハンドバッグ	have a handbag	ハンドバッグを持っている
10	**purse** [pə́:rs] パース	さいふ；ハンドバッグ	open a purse	さいふを開ける
11	**wallet** [wálit] ワリット	さいふ；札入れ	carry a wallet	さいふを持ち歩く
12	**handkerchief** (つづり/発音) [hǽŋkərtʃif] ヘァンカチフ	ハンカチ	use a handkerchief	ハンカチを使う

| | 学習日 | 月 日 | 月 日 | 月 日 |

A 日本語とヒントのアルファベットを見て、単語を口に出して言ってみましょう。

① ぼうし ➡ c□□ ② ぼうし ➡ h□□ ③ ドレス；衣服 ➡ d□□□□
④ リボン ➡ r□□□□□ ⑤ コート ➡ c□□□ ⑥ オーバー ➡ o□□□□□□
⑦ エプロン ➡ a□□□□ ⑧ バッグ；袋 ➡ b□□ ⑨ ハンドバッグ ➡ h□□□□□□
⑩ さいふ；ハンドバッグ ➡ p□□□□ ⑪ さいふ；札入れ ➡ w□□□□□ ⑫ ハンカチ ➡ h□□□□□□□□□

B 日本語を見て、空所に入る英単語を書きましょう。左ページで単語のつづりを確認したら、右の余白にもう2回、書いて練習しましょう。

① **a baseball** _____
[野球のぼうし] ☆つばのないぼうしのこと。容器などの「ふた」の意味でも使います。

② **a beach** _____
[ビーチハット] ☆つばのあるぼうしのこと。

③ **a wedding** _____
[ウェディングドレス] ☆「ドレス」と読まないように。[d]の音はローマ字のdo(ド)ではありません。

④ **a** _____ **ribbon**
[かわいいリボン]

⑤ **a winter** _____
[冬用のコート]

⑥ **put on an** _____
[オーバーを着る]

⑦ **a kitchen** _____
[台所用のエプロン] ☆「エプロン」と読まないように。つづり字のaを「エ」と読むことはほとんどなく、[ei](エイ)が正しい発音です。

⑧ **a shoulder** _____
[ショルダーバッグ]

⑨ **have a** _____
[ハンドバッグを持っている]

⑩ **open a** _____
[さいふを開ける] ☆主に女性用のさいふ[小銭入れ]ですが、アメリカではハンドバッグの意味でも使います。

⑪ **carry a** _____
[さいふを持ち歩く] ☆男性用の大型のさいふは英米ともにこの語で表します。

⑫ **use a** _____
[ハンカチを使う] ☆つづりに注意。つづり字のdは発音しません。

レッスン 10 学校 ①

まずは12の英単語について、つづりと発音を身につけましょう。文字を見ながらCDを聞き、後に続いて単語と熟語を言ってみましょう。

	単語	意味	例	訳
☐ 1	**school** [skúːl] スクール つづり	学校	go to junior high school	中学校に通う
☐ 2	**teacher** [tíːtʃər] ティーチャ	先生	a teacher of Japanese	国語の先生
☐ 3	**student** [stjúːdnt] ステューダント	生徒；学生	a high school student	高校生；高校の生徒
☐ 4	**class** [klǽs] クレァス	クラス；授業	We have six classes today.	今日は6時間の授業があります。
☐ 5	**classmate** [klǽsmèit] クレァスメイト アクセント	クラスメイト；同級生	He is my classmate.	彼は私のクラスメイトです。
☐ 6	**classroom** [klǽsrùːm] クレァスルーム アクセント	教室	clean the classroom	教室のそうじをする
☐ 7	**lesson** [lésn] レスンヌ	授業；レッスン	take a lesson	レッスンを受ける
☐ 8	**English** [íŋgliʃ] イングリッシュ	英語	speak English	英語を話す
☐ 9	**book** [búk] ブック	本	read a book	本を読む
☐ 10	**textbook** [tékstbùk] テクストブック	教科書	Open your textbook.	教科書を開きなさい。
☐ 11	**notebook** [nóutbùk] ノウトブック	ノート	an old notebook	古いノート
☐ 12	**page** [péidʒ] ペイヂ	ページ	on the first page	最初のページに

| 学習日 | 月 日 | 月 日 | 月 日 |

A 日本語とヒントのアルファベットを見て、単語を口に出して言ってみましょう。

① 学校 ➡ s□□□□□ ② 先生 ➡ t□□□□□□ ③ 生徒；学生 ➡ s□□□□□□
④ クラス；授業 ➡ c□□□□ ⑤ クラスメイト；同級生 ➡ c□□□□□□□□ ⑥ 教室 ➡ c□□□□□□□
⑦ 授業；レッスン ➡ l□□□□□ ⑧ 英語 ➡ E□□□□□□ ⑨ 本 ➡ b□□□
⑩ 教科書 ➡ t□□□□□□□□ ⑪ ノート ➡ n□□□□□□□ ⑫ ページ ➡ p□□□

B 日本語を見て、空所に入る英単語を書きましょう。左ページで単語のつづりを確認したら、右の余白にもう2回、書いて練習しましょう。

① **go to junior high** _____
　［中学校に通う］☆つづりに注意。

② **a** _____ **of Japanese**
　［国語の先生］

③ **a high school** _____
　［高校生；高校の生徒］

④ **We have six** _____ **today.**
　［今日は6時間の授業があります。］☆複数形は -es をつけます。

⑤ **He is my** _____ **.**
　［彼は私のクラスメイトです。］☆アクセントの位置に注意。前を強く読みます。

⑥ **clean the** _____
　［教室のそうじをする］☆これも前を強く読みます。

⑦ **take a** _____
　［レッスンを受ける］

⑧ **speak** _____
　［英語を話す］☆国や言語の名前は、最初は大文字で書きます。

⑨ **read a** _____
　［本を読む］

⑩ **Open your** _____ **.**
　［教科書を開きなさい。］☆アクセントの位置に注意。前を強く読みます。

⑪ **an old** _____
　［古いノート］☆「ノート」をそのまま言っても英語では通じません。note は「メモ」の意味です。

⑫ **on the first** _____
　［最初のページに］

クイックレスポンステスト ①

英語 ☞ 日本語 英語を見て、その意味を日本語で言ってみましょう。

1	door	31	potato	61	salt	91	grass
2	garden	32	coat	62	mountain	92	bathroom
3	room	33	vegetable	63	doghouse	93	bell
4	sky	34	sun	64	glass	94	honey
5	hat	35	soap	65	wallet	95	cat
6	can	36	fire	66	pig	96	tree
7	handbag	37	animal	67	meal	97	river
8	bed	38	melon	68	teacher	98	student
9	fish	39	gate	69	food	99	earth
10	banana	40	cup	70	lesson	100	lunch
11	snow	41	ground	71	cow	101	bedroom
12	orange	42	window	72	dinner	102	school
13	dog	43	wall	73	purse	103	handkerchief
14	beach	44	star	74	tiger	104	dress
15	sea	45	lemon	75	lion	105	classroom
16	jam	46	plant	76	storm	106	kitchen
17	notebook	47	land	77	apartment	107	mouse
18	page	48	supper	78	pet	108	house
19	ribbon	49	floor	79	wind	109	hill
20	book	50	doorbell	80	apple	110	corn
21	nature	51	fruit	81	air	111	rose
22	onion	52	textbook	82	breakfast	112	tulip
23	tomato	53	cap	83	tail	113	peach
24	bottle	54	bath	84	table	114	smoke
25	rabbit	55	branch	85	English	115	apron
26	ice	56	towel	86	classmate	116	bird
27	water	57	overcoat	87	carrot	117	flower
28	horse	58	cloud	88	lake	118	sugar
29	grape	59	chicken	89	bag	119	moon
30	class	60	puppy	90	shower	120	rain

レッスン1〜10をシャッフル

日本語を見て、それに相当する英単語を言ってみましょう。　**日本語 ☞ 英語**

1　ドア(d)	31　ジャガイモ(p)	61　塩(s)	91　草(g)
2　庭(g)	32　コート(c)	62　山(m)	92　浴室；トイレ(b)
3　部屋(r)	33　野菜(v)	63　犬小屋(d)	93　ベル(b)
4　空(s)	34　太陽(s)	64　グラス；ガラス(g)	94　ハチミツ(h)
5　ぼうし(h)	35　石けん(s)	65　さいふ；札入れ(w)	95　ネコ(c)
6　缶(c)	36　火(f)	66　豚(p)	96　木(t)
7　ハンドバッグ(h)	37　動物(a)	67　食事(m)	97　川(r)
8　ベッド(b)	38　メロン(m)	68　先生(t)	98　生徒；学生(s)
9　魚(f)	39　門(g)	69　食べ物(f)	99　地球；土地(e)
10　バナナ(b)	40　カップ(c)	70　授業；レッスン(l)	100　昼食(l)
11　雪(s)	41　地面；グラウンド(g)	71　牛(c)	101　寝室(b)
12　オレンジ(o)	42　窓(w)	72　ディナー；夕食(d)	102　学校(s)
13　犬(d)	43　壁(w)	73　さいふ；ハンドバッグ(p)	103　ハンカチ(h)
14　浜辺；海岸(b)	44　星(s)	74　トラ(t)	104　ドレス；衣服(d)
15　海(s)	45　レモン(l)	75　ライオン(l)	105　教室(c)
16　ジャム(j)	46　植物(p)	76　嵐(s)	106　台所(k)
17　ノート(n)	47　陸地；土地(l)	77　アパート(a)	107　ネズミ(m)
18　ページ(p)	48　夕食(s)	78　ペット(p)	108　家(h)
19　リボン(r)	49　床；階(f)	79　風(w)	109　丘；小山(h)
20　本(b)	50　玄関のベル(d)	80　リンゴ(a)	110　トウモロコシ(c)
21　自然(n)	51　くだもの(f)	81　空気(a)	111　バラ(r)
22　タマネギ(o)	52　教科書(t)	82　朝食(b)	112　チューリップ(t)
23　トマト(t)	53　ぼうし(c)	83　尾(t)	113　桃(p)
24　びん(b)	54　ふろ(b)	84　テーブル(t)	114　煙(s)
25　ウサギ(r)	55　枝(b)	85　英語(e)	115　エプロン(a)
26　氷(i)	56　タオル(t)	86　クラスメイト；同級生(c)	116　鳥(b)
27　水(w)	57　オーバー(o)	87　ニンジン(c)	117　花(f)
28　馬(h)	58　雲(c)	88　湖(l)	118　砂糖(s)
29　ブドウ(g)	59　鶏(c)	89　バッグ；袋(b)	119　月(m)
30　クラス；授業(c)	60　子犬(p)	90　シャワー(s)	120　雨(r)

※（　）は最初の1文字です。

まとめて覚える！2

英文の2つの基本形

英語の文は、基本的に次の**2**つの部分をもっています。

> **主語**＝「〜は」「〜が」に当たることば
> **動詞**＝「〜だ」「〜する」に当たることば

ふつうの文は、〈主語＋動詞…〉という形です。

例A　**This is a cup.**（これはカップです）
　　　主語　動詞

例B　**I have a camera.**（私はカメラを持っています）
　　　主語　動詞

ここでは、よく使われるこれら**2**つの形の文の作り方を学びましょう。

 「AはBです」という意味を表す形

この形で使う動詞を、be（ビー）動詞と言います。

> **A ＋ be動詞 ＋ B. ＝ A は B です。**

be動詞は〈**A＝B**〉**の関係**を表し、「〜だ」「〜です」と訳します。be動詞には活用形があり、実際の文の中では**is**、**am**、**are**の形で使います。どれを使うかは、**主語の人称**によって決まります。

人称とは、「自分」「相手」「それ以外」を区別する名詞（や代名詞）の形のこと。次の3種類があります。

人称	単数	複数
1人称	I（私）	we（私たち）
2人称	you（あなた）	you（あなたたち）
3人称	上記以外のもの	上記以外のもの

☆たとえばTom（トム）、the book（その本）、this（これ）、Japan（日本）などは、すべて3人称です。

be動詞は、主語に応じて次のように使い分けます。

主語の数と人称		be動詞の形
単数	1人称	・I **am** 〜 .（私は〜です）
	2人称	・You **are** 〜 .（あなたは〜です）
	3人称	・This **is** 〜 .（これは〜です）
複数	すべての人称	・A **are** B.（AはBです）

☆主語が複数なら、いつでもareを使います。なお、I amは**I'm**ァィム、You areは**You're**ューァと短くまとめて言うことができます。

「AはBを〜します」という意味を表す形

この形では、be動詞以外の動詞（＝一般動詞）を使います。

$$A + \boxed{一般動詞} + B. = A は B を〜します。$$

☆「AはBに〜します」などの意味になることもあります。

主語が3人称で単数の場合には、一般動詞の**最後に-s**（または**-es**）をつけます。

例　I speak English.（私は英語を話します）　　《主語が1人称》
　　主語　一般動詞

　⇒Sayaka **speaks** English.（サヤカは英語を話します）《主語が3人称》
　　主語　　　一般動詞

☆主語のSayakaは**3人称単数**なので、speak（話す）の最後にsがつきます。このsを「3単現のs」と言います（3単現＝3人称単数現在形）。

また、3人称単数の主語の後ろにhave（持っている）を置くときは、havesではなく**has**を使います。

例　Kenta **has** a camera.（ケンタはカメラを持っています）

重要単語いちらん

☐ **be** ［bíː］ビー　be動詞の原形　　　　☐ **am** ［ǽm］アム　be動詞の活用形
☐ **are** ［ɑ́ːr］アー　be動詞の活用形　　☐ **is** ［íz］イズ　be動詞の活用形
☐ **have** ［hǽv］ハヴ　〜を持っている　　☐ **has** ［hǽz］ハァズ　haveの活用形

レッスン 11 学校 ②

まずは12の英単語について、つづりと発音を身につけましょう。文字を見ながらCDを聞き、後に続いて単語と熟語を言ってみましょう。

	単語	意味	例	訳
☐ 1	**pen** [pén] ペンヌ	ペン	pen and ink	ペンとインク
☐ 2	**pencil** [pénsəl] ペンスル	えんぴつ	write with a pencil	えんぴつで書く
☐ 3	**chalk** [tʃɔ́ːk] チョーク	チョーク	a piece of chalk	1本のチョーク
☐ 4	**blackboard** (アクセント・つづり) [blǽkbɔ̀ːrd] ブラックボード	黒板	write on the blackboard	黒板に書く
☐ 5	**desk** [désk] デスク	つくえ	This is my desk.	これは私のつくえです。
☐ 6	**chair** (つづり) [tʃɛ́ər] チェア	いす	sit on a chair	いすにすわる
☐ 7	**homework** (アクセント) [hóumwə̀ːrk] ホウムワーク	宿題	Do your homework.	宿題をしなさい。
☐ 8	**test** [tést] テスト	テスト	have an English test	英語のテストを受ける
☐ 9	**question** [kwéstʃən] クウェスチャンヌ	質問；問題	an easy question	やさしい問題
☐ 10	**club** [klʌ́b] クラブ	クラブ；部	join the tennis club	テニス部に入る
☐ 11	**member** [mémbər] メムバ	メンバー；会員	a member of the club	そのクラブの部員
☐ 12	**card** [kɑ́ːrd] カード	カード	a birthday card	バースデーカード

A 日本語とヒントのアルファベットを見て、単語を口に出して言ってみましょう。

① ペン ➡ p□□
② えんぴつ ➡ p□□□□□
③ チョーク ➡ c□□□□
④ 黒板 ➡ b□□□□□□□□
⑤ つくえ ➡ d□□□
⑥ いす ➡ c□□□□
⑦ 宿題 ➡ h□□□□□□□
⑧ テスト ➡ t□□□
⑨ 質問；問題 ➡ q□□□□□□
⑩ クラブ；部 ➡ c□□□
⑪ メンバー；会員 ➡ m□□□□□
⑫ カード ➡ c□□□

B 日本語を見て、空所に入る英単語を書きましょう。左ページで単語のつづりを確認したら、右の余白にもう2回、書いて練習しましょう。

① _____ and ink
[ペンとインク] ☆「万年筆」は fountain pen と言います。

② write with a _____
[えんぴつで書く] ☆with は「〜を使って」という意味。

③ a piece of _____
[1本のチョーク] ☆「1本のチョーク」は a piece of 〜を使って表します。

④ write on the _____
[黒板に書く] ☆「黒板＝黒い＋板」です。

⑤ This is my _____ .
[これは私のつくえです。]

⑥ sit on a _____
[いすにすわる] ☆つづりをまちがえないように。

⑦ Do your _____ .
[宿題をしなさい。] ☆「宿題＝家での仕事[勉強]」です。

⑧ have an English _____
[英語のテストを受ける]

⑨ an easy _____
[やさしい問題]

⑩ join the tennis _____
[テニス部に入る]

⑪ a _____ of the club
[そのクラブの部員] ☆つづり字に注意。

⑫ a birthday _____
[バースデーカード] ☆「トランプをする」は play cards と言います。

レッスン 12 飲食 ③

まずは12の英単語について、つづりと発音を身につけましょう。文字を見ながらCDを聞き、後に続いて単語と熟語を言ってみましょう。

□		英単語	意味	例	訳
□	1	**rice** [ráis] ゥライス	米	cook rice	米[ごはん]をたく
□	2	**bread** [bréd] ブレッド	パン	bake bread	パンを焼く
□	3	**toast** (発音) [tóust] トウスト	トースト	toast and butter	バターをぬったトースト
□	4	**sandwich** (アクセント) [sǽndwitʃ] セァンドウィッチ	サンドイッチ	an egg sandwich	卵のサンドイッチ
□	5	**pizza** (発音) [píːtsə] ピーツァ	ピザ	a pizza box	ピザの箱
□	6	**hot dog** [hát dɔ̀g] ハットドーグ	ホットドッグ	eat a hot dog	ホットドッグを食べる
□	7	**hamburger** (アクセント) [hǽmbəːrgər] ヘァムバガ	ハンバーガー	Two hamburgers, please.	ハンバーガーを2つください。
□	8	**pasta** [páːstə] パースタ	パスタ	cook pasta	パスタをゆでる
□	9	**noodle** [núːdl] ヌードル	めん	a noodle shop	うどん[そば]屋
□	10	**curry** [kə́ːri] カーリ	カレー	eat curry and rice	カレーライスを食べる
□	11	**pepper** [pépər] ペパ	コショウ	salt and pepper	塩とコショウ
□	12	**sauce** (つづり) [sɔ́ːs] ソース	ソース	pizza sauce	ピザソース

| 学習日 | 月 日 | 月 日 | 月 日 |

A 日本語とヒントのアルファベットを見て、単語を口に出して言ってみましょう。

① 米 ➡ r□□□ ② パン ➡ b□□□□ ③ トースト ➡ t□□□□
④ サンドイッチ ➡ s□□□□□□□□ ⑤ ピザ ➡ p□□□□ ⑥ ホットドッグ ➡ h□□ d□□
⑦ ハンバーガー ➡ h□□□□□□□□ ⑧ パスタ ➡ p□□□□ ⑨ めん ➡ n□□□□□
⑩ カレー ➡ c□□□□ ⑪ コショウ ➡ p□□□□□ ⑫ ソース ➡ s□□□□

B 日本語を見て、空所に入る英単語を書きましょう。左ページで単語のつづりを確認したら、右の余白にもう2回、書いて練習しましょう。

① **cook** _____
   [米[ごはん]をたく] ☆「おにぎり」は rice ball と言います。

② **bake** _____
   [パンを焼く] ☆「1切れのパン」は a slice [piece] of bread と言います。

③ _____ **and butter**
   [バターをぬったトースト] ☆つづり字の oa は原則として「オウ」と読みます。「トースト」ではなく「トウスト」と読みましょう。

④ **an egg** _____
   [卵のサンドイッチ] ☆ベーコン(bacon)、レタス(lettuce)、トマト(tomato)のサンドイッチは、それぞれの頭文字をとってBLTと言います。

⑤ **a** _____ **box**
   [ピザの箱] ☆発音に注意。

⑥ **eat a** _____
   [ホットドッグを食べる]

⑦ **Two** _____ **, please.**
   [ハンバーガーを2つください。] ☆アクセントに注意。最初を強く読みます。

⑧ **cook** _____
   [パスタをゆでる]

⑨ **a** _____ **shop**
   [うどん[そば]屋]

⑩ **eat** _____ **and rice**
   [カレーライスを食べる] ☆カレーライスは「カレーとごはん」のように表現します。

⑪ **salt and** _____
   [塩とコショウ]

⑫ **pizza** _____
   [ピザソース] ☆つづりに注意。つづり字の au は [ɔː] (オー) と読むことがあります。

レッスン 13 飲食 ④

まずは12の英単語について、つづりと発音を身につけましょう。文字を見ながらCDを聞き、後に続いて単語と熟語を言ってみましょう。

CD 14

	単語	意味	熟語	訳
□ 1	**egg** [ég] エッグ	卵	a chicken egg	鶏の卵
□ 2	**cheese** [tʃíːz] チーズ	チーズ	a piece of cheese	1切れのチーズ
□ 3	**butter** [bʌ́tər] バタ	バター	**bread and butter**	バターつきのパン
□ 4	**meat** [míːt] ミート	肉	a meat ball	ミートボール
□ 5	**beef** [bíːf] ビーフ	牛肉	a beef bowl	牛丼
□ 6	**pork** [pɔ́ːrk] ポーク	豚肉	fried pork	トンカツ；揚げた豚肉
□ 7	**chicken** [tʃíkən] チキンヌ	鶏肉	fried chicken	フライドチキン
□ 8	**ham** [hǽm] ヘァム	ハム	eat ham and eggs	ハムエッグを食べる
□ 9	**stew** 発音 [stjúː] ステュー	シチュー	make beef stew	ビーフシチューを作る
□ 10	**steak** [stéik] ステイク	ステーキ	This steak is good.	このステーキはおいしい。
□ 11	**seafood** アクセント [síːfùːd] スィーフード	シーフード	like seafood	シーフードを好む
□ 12	**dining** [dáiniŋ] ダイニング	食事をすること	**a dining room**	食堂

A 日本語とヒントのアルファベットを見て、単語を口に出して言ってみましょう。

① 卵 ➡ e□□
② チーズ ➡ c□□□□□
③ バター ➡ b□□□□□
④ 肉 ➡ m□□□
⑤ 牛肉 ➡ b□□□
⑥ 豚肉 ➡ p□□□
⑦ 鶏肉 ➡ c□□□□□□
⑧ ハム ➡ h□□
⑨ シチュー ➡ s□□□
⑩ ステーキ ➡ s□□□□
⑪ シーフード ➡ s□□□□□□
⑫ 食事をすること ➡ d□□□□□

B 日本語を見て、空所に入る英単語を書きましょう。左ページで単語のつづりを確認したら、右の余白にもう2回、書いて練習しましょう。

① a chicken _____
[鶏の卵]

② a piece of _____
[1切れのチーズ]

③ bread and _____
[バターつきのパン] ☆「ブレッド・アンド・バター」と区切って読まないように。実際の音は「ブレドゥンバター」のように聞こえます。

④ a _____ ball
[ミートボール] ☆meet（会う）と同じ発音。

⑤ a _____ bowl
[牛丼] ☆「牛」は cow。

⑥ fried _____
[トンカツ；揚げた豚肉] ☆「豚」は pig。

⑦ fried _____
[フライドチキン] ☆「鶏」の意味でも使います。

⑧ eat _____ and eggs
[ハムエッグを食べる]

⑨ make beef _____
[ビーフシチューを作る] ☆「シチュー」と読まないように。

⑩ This _____ is good.
[このステーキはおいしい。] ☆「ステーキ」と読まないように。

⑪ like _____
[シーフードを好む]

⑫ a _____ room
[食堂] ☆dine は「食事をする」という意味。

レッスン 14 人間

CD 15

まずは12の英単語について、つづりと発音を身につけましょう。文字を見ながらCDを聞き、後に続いて単語と熟語を言ってみましょう。

☐ 1	**man** [mǽn] メァンヌ	男の人；人間	a tall man	背の高い男の人
☐ 2	**men** [mén] メンヌ	manの複数形	three men	3人の男の人たち
☐ 3	**woman** 発音 [wúmən] ウメァンヌ	女の人	a young woman	若い女の人
☐ 4	**women** 発音 [wímin] ウィメンヌ	womanの複数形	five women	5人の女の人たち
☐ 5	**boy** [bɔ́i] ボイ	男の子	a baby boy	赤ちゃんの男の子
☐ 6	**girl** [gə́ːrl] ガール	女の子	a pretty girl	かわいい女の子
☐ 7	**child** [tʃáild] チャイルド	子ども	a small child	小さな子ども
☐ 8	**children** [tʃíldrən] チルドゥレンヌ	childの複数形	a book for children	子ども向けの本
☐ 9	**kid** [kíd] キッド	子ども	He has two kids.	彼は2人の子どもを持っている。
☐ 10	**baby** [béibi] ベイビ	赤ちゃん	a cute baby	かわいい赤ちゃん
☐ 11	**family** [fǽməli] ファマリ	家族	a large family	大家族
☐ 12	**friend** つづり [frénd] フレンド	友だち	a good friend	いい友だち；親友

A 日本語とヒントのアルファベットを見て、単語を口に出して言ってみましょう。

① 男の人；人間 ➡ m□□　② man の複数形 ➡ m□□　③ 女の人 ➡ w□□□□
④ woman の複数形 ➡ w□□□□　⑤ 男の子 ➡ b□□　⑥ 女の子 ➡ g□□□
⑦ 子ども ➡ c□□□□　⑧ child の複数形 ➡ c□□□□□□　⑨ 子ども ➡ k□□
⑩ 赤ちゃん ➡ b□□□　⑪ 家族 ➡ f□□□□□　⑫ 友だち ➡ f□□□□□

B 日本語を見て、空所に入る英単語を書きましょう。左ページで単語のつづりを確認したら、右の余白にもう2回、書いて練習しましょう。

① **a tall** _____
[背の高い男の人]

② **three** _____
[3人の男の人たち] ☆複数形に注意。mans ではありません。

③ **a young** _____
[若い女の人]

④ **five** _____
[5人の女の人たち] ☆発音に注意。「ウーメン」と読まないように。

⑤ **a baby** _____
[赤ちゃんの男の子]

⑥ **a pretty** _____
[かわいい女の子]

⑦ **a small** _____
[小さな子ども]

⑧ **a book for** _____
[子ども向けの本] ☆「子どもたちのための本」と考えて、複数形を使います。

⑨ **He has two** _____ .
[彼は2人の子どもを持っている。] ☆会話でよく使う、k で始まる語です。

⑩ **a cute** _____
[かわいい赤ちゃん] ☆「ベビー」と読まないように。複数形は babies。

⑪ **a large** _____
[大家族] ☆複数形は families。

⑫ **a good** _____
[いい友だち；親友] ☆つづりに注意。

レッスン 15 生活 ①

まずは12の英単語について、つづりと発音を身につけましょう。文字を見ながらCDを聞き、後に続いて単語と熟語を言ってみましょう。

CD 16

	単語	意味	例	訳
☐ 1	**mail** [méil] メイル	郵便	send **by air mail**	航空便で送る
☐ 2	**mailbox** [méilbàks] メイルバクス 〈アクセント〉	ポスト；郵便受け	go to the mailbox	ポストへ(手紙を出しに)行く
☐ 3	**post** [póust] ポウスト	郵便	**a post office**	郵便局
☐ 4	**postcard** [póustkà:rd] ポウストカード 〈アクセント〉	はがき	a picture postcard	絵はがき
☐ 5	**letter** [létər] レタ	手紙	write a long letter	長い手紙を書く
☐ 6	**stamp** [stǽmp] ステァムプ	切手	collect stamps	切手を集める
☐ 7	**name** [néim] ネイム	名前	the name of this dog	この犬の名前
☐ 8	**money** [mʌ́ni] マニ	お金	**make money**	お金をかせぐ
☐ 9	**dollar** [dálər] ダラ 〈発音〉	ドル	have 10 dollars	10ドル持っている
☐ 10	**cent** [sént] セント	セント	50 cents	50セント
☐ 11	**yen** [jén] イエンヌ	円	have 800 yen	800円持っている
☐ 12	**coin** [kóin] コインヌ	硬貨；コイン	a 50-yen coin	50円硬貨[玉]

| 学習日 | 月 日 | 月 日 | 月 日 |

A 日本語とヒントのアルファベットを見て、単語を口に出して言ってみましょう。

① 郵便 ➡ m□□□　② ポスト；郵便受け ➡ m□□□□□□　③ 郵便 ➡ p□□□
④ はがき ➡ p□□□□□□　⑤ 手紙 ➡ l□□□□□　⑥ 切手 ➡ s□□□□
⑦ 名前 ➡ n□□□　⑧ お金 ➡ m□□□□　⑨ ドル ➡ d□□□□□
⑩ セント ➡ c□□□　⑪ 円 ➡ y□□　⑫ 硬貨；コイン ➡ c□□□

B 日本語を見て、空所に入る英単語を書きましょう。左ページで単語のつづりを確認したら、右の余白にもう2回、書いて練習しましょう。

① **send by air** _____
[航空便で送る] ☆パソコンや携帯電話などでやりとりする「(電子)メール」は e-mail と言います。

② **go to the** _____
[ポストへ(手紙を出しに)行く] ☆電子メールの「メールボックス」の意味でも使います。

③ **a** _____ **office**
[郵便局] ☆「ポスト」と読まないように。

④ **a picture** _____
[絵はがき] ☆アクセントに注意。最初を強く読みます。

⑤ **write a long** _____
[長い手紙を書く]

⑥ **collect** _____
[切手を集める] ☆集める切手は1枚ではないので、複数形にします。

⑦ **the** _____ **of this dog**
[この犬の名前]

⑧ **make** _____
[お金をかせぐ] ☆「マネー」と読まないように。

⑨ **have 10** _____
[10ドル持っている] ☆「ドル」と読まないように。

⑩ **50** _____
[50セント] ☆100セント＝1ドルです。

⑪ **have 800** _____
[800円持っている] ☆単数形と複数形が同じ形。s をつけないように。

⑫ **a 50-yen** _____
[50円硬貨[玉]]

まとめて覚える！③ 代名詞の活用形

　名詞の代わりとして使う語を、**代名詞**と言います。たとえば「マサルは中学1年生です。**彼**は私の友だちです」という文では、「マサル」の代わりに「彼」を使っていますね。だから「彼」は代名詞です。

　代名詞は、数と人称、さらに「格」に応じて形が違います。次の表を暗記しましょう。

数・人称		主格	所有格	目的格
単数	1人称	I 私は	my 私の	me 私を
	2人称	you あなたは	your あなたの	you あなたを
	3人称	he 彼は	his 彼の	him 彼を
		she 彼女は	her 彼女の	her 彼女を
		it それは	its それの	it それを
複数	1人称	we 私たちは	our 私たちの	us 私たちを
	2人称	you あなたたちは	your あなたたちの	you あなたたちを
	3人称	they 彼[彼女；それ]らは	their 彼[彼女；それ]らの	them 彼[彼女；それ]らを

ここで、**格**の説明をしておきます。A＋ 一般動詞 ＋B. (AはBを〜する)という文で、Aとして使う形を**主格**、Bとして使う形を**目的格**と言います。

例 **I** love **you**. (私はあなたを愛しています)
　　主格　　目的格

所有格とは、「〜の」という意味を表す形です。

例 This is **my** cat. (これは私のネコです)
　　　　　　所有格

☆名詞の所有格は、Tom's（トムの）のように's（アポストロフィ・エス）を加えて作ります。

I love you. の形をもとにして、〈**主格＋love＋目的格**〉の形のさまざまな文を作ってみましょう。前ページの表と見比べながら、形を確認してください。主語が3人称単数なら、loveの後ろに-sがつく点にも注意してください。(→ p.35)

例 **You** love **me**. (あなた（たち）は私を愛しています)

　 He loves **her**. (彼は彼女を愛しています)

　 She loves **him**. (彼女は彼を愛しています)

　 We love **them**. (私たちは彼[彼女；それ]らを愛しています)

　 They love **us**. (彼らは私たちを愛しています)

所有格を加えた文を作ると、次のようになります。

例 **My** mother loves **it**. (私の母はそれを愛しています)

　 Her mother loves **her**. (彼女の母親は彼女を愛しています)

　 Your teacher loves **you**. (あなた（たち）の先生はあなた（たち）を愛しています)

　 They love **their** sons. (彼らは彼らの息子たちを愛しています)

重要単語いちらん

☐ I	[ái]アイ	私は		☐ my	[mái]マイ	私の
☐ me	[míː]ミー	私を		☐ you	[júː]ユー	あなた（たち）は[を]
☐ your	[júər]ユア	あなた（たち）の		☐ he	[híː]ヒー	彼は
☐ his	[híz]ヒズ	彼の		☐ him	[hím]ヒム	彼を
☐ she	[ʃíː]シー	彼女は		☐ her	[hə́ːr]ハー	彼女の[を]
☐ it	[ít]イット	それは[を]		☐ its	[íts]イッツ	それの
☐ we	[wíː]ウィ	私たちは		☐ our	[áuər]アウア	私たちの
☐ us	[ʌ́s]アス	私たちを		☐ they	[ðéi]ゼイ	彼[彼女；それ]らは
☐ their	[ðéər]ゼア	彼[彼女；それ]らの		☐ them	[ðém]ゼム	彼[彼女；それ]らを

レッスン 16 生活 ②

まずは12の英単語について、つづりと発音を身につけましょう。文字を見ながらCDを聞き、後に続いて単語と熟語を言ってみましょう。

CD 17

□	#	単語	発音	意味	例	訳
□	1	**box**	[báks] バクス	箱	a toy box	おもちゃ箱
□	2	**case**	[kéis] ケイス	箱；ケース	a new **pencil case**	新しい筆箱
□	3	**basket**	[bæskit] バスケット	かご	fruit in a basket	かごに入っているくだもの
□	4	**key**	[kíː] キー	カギ	my car key	私の車のカギ
□	5	**vase**	[véis] ヴェイス	花びん	break a vase	花びんを割る
□	6	**watch**	[wátʃ] ワッチ	腕時計	My watch is slow.	私の時計は遅れています。
□	7	**clock**	[klák] クラック	置き時計	a flower clock	花時計
□	8	**alarm**	[əláːrm] アラーム	目覚まし時計	set an alarm	目覚まし時計をセットする
□	9	**paper**	[péipər] ペイパ	紙	a piece of paper	1枚の紙
□	10	**party**	[páːrti] パーティ	パーティー	have a party	パーティーを開く
□	11	**present**	[prézənt] プレズント	贈り物；プレゼント	a nice present	すてきなプレゼント
□	12	**gift**	[gíft] ギフト	贈り物；プレゼント	a gift for a friend	友だちへのプレゼント

| 学習日 | 月 日 | 月 日 | 月 日 |

A 日本語とヒントのアルファベットを見て、単語を口に出して言ってみましょう。

① 箱 ➡ b□□
② 箱；ケース ➡ c□□□
③ かご ➡ b□□□□□
④ カギ ➡ k□□
⑤ 花びん ➡ v□□□
⑥ 腕時計 ➡ w□□□□
⑦ 置き時計 ➡ c□□□□
⑧ 目覚まし時計 ➡ a□□□□
⑨ 紙 ➡ p□□□□
⑩ パーティー ➡ p□□□□
⑪ 贈り物；プレゼント ➡ p□□□□□□
⑫ 贈り物；プレゼント ➡ g□□□

B 日本語を見て、空所に入る英単語を書きましょう。左ページで単語のつづりを確認したら、右の余白にもう2回、書いて練習しましょう。

① **a toy** _____
［おもちゃ箱］☆複数形は es をつけて作ります。

② **a new pecil** _____
［新しい筆箱］

③ **fruit in a** _____
［かごに入っているくだもの］☆アクセントに注意。最初を強く読みます。

④ **my car** _____
［私の車のカギ］

⑤ **break a** _____
［花びんを割る］

⑥ **My** _____ **is slow.**
［私の時計は遅れています。］☆持ち歩く時計のこと。ストップウォッチなどもそうです。

⑦ **a flower** _____
［花時計］柱時計など置いて使う時計のこと。

⑧ **set an** _____
［目覚まし時計をセットする］☆後ろに clock を加えることもできます。

⑨ **a piece of** _____
［1枚の紙］☆「1枚の紙」は a piece [sheet] of 〜 で表します。

⑩ **have a** _____
［パーティーを開く］☆複数形は parties。

⑪ **a nice** _____
［すてきなプレゼント］

⑫ **a** _____ **for a friend**
［友だちへのプレゼント］

レッスン 17 娯楽 ①

まずは12の英単語について、つづりと発音を身につけましょう。文字を見ながらCDを聞き、後に続いて単語と熟語を言ってみましょう。

CD 18

	単語	意味	熟語	訳
☐ 1	**music** [mjúːzik] ミューズィク	音楽	a music teacher	音楽の先生
☐ 2	**piano** アクセント [piǽnou] ピェァノウ	ピアノ	**play the piano**	ピアノをひく
☐ 3	**song** [sɔ́ːŋ] ソーング	歌	**sing a song**	歌を歌う
☐ 4	**concert** [kάnsəːrt] カンサート	コンサート	go to the concert	コンサートへ行く
☐ 5	**art** [άːrt] アート	芸術；美術	love Japanese art	日本美術を愛する
☐ 6	**picture** [píktʃər] ピクチャ	絵；写真	paint a picture	（絵の具で）絵をかく
☐ 7	**paint** [péint] ペイント	絵の具；ペンキ	a can of red paint	赤いペンキの缶
☐ 8	**color** [kʌ́lər] カラ	色	beautiful colors	美しい色
☐ 9	**museum** アクセント [mjuːzíːəm] ミューズィーアム	博物館；美術館	an **art museum**	美術館
☐ 10	**event** [ivént] イヴェント	行事	a school event	学校行事
☐ 11	**festival** [féstəvəl] フェスティヴァル	お祭り	a summer festival	夏祭り
☐ 12	**fun** [fʌ́n] ファンヌ	楽しみ	Karaoke is fun.	カラオケは楽しい。

| 学習日 | 月 日 | 月 日 | 月 日 |

A 日本語とヒントのアルファベットを見て、単語を口に出して言ってみましょう。

① 音楽 ➡ m□□□□　② ピアノ ➡ p□□□□　③ 歌 ➡ s□□□
④ コンサート ➡ c□□□□□□　⑤ 芸術；美術 ➡ a□□　⑥ 絵；写真 ➡ p□□□□□□
⑦ 絵の具；ペンキ ➡ p□□□□　⑧ 色 ➡ c□□□□　⑨ 博物館；美術館 ➡ m□□□□□
⑩ 行事 ➡ e□□□□　⑪ お祭り ➡ f□□□□□□□　⑫ 楽しみ ➡ f□□

B 日本語を見て、空所に入る英単語を書きましょう。左ページで単語のつづりを確認したら、右の余白にもう2回、書いて練習しましょう。

① a _____ teacher
[音楽の先生]

② play the _____
[ピアノをひく] ☆play＋the＋楽器名＝〜を演奏する

③ sing a _____
[歌を歌う]

④ go to the _____
[コンサートへ行く]

⑤ love Japanese _____
[日本美術を愛する]

⑥ paint a _____
[(絵の具で)絵をかく] ☆「絵」のほかに「写真(photo)」の意味でも使います。

⑦ a can of red _____
[赤いペンキの缶] ☆「(絵の具で)かく」「ペンキをぬる」という意味の動詞としても使います。

⑧ beautiful _____
[美しい色] ☆イギリス英語では colour とつづります。

⑨ an art _____
[美術館] ☆アクセントの位置に注意。「ミュー」を強く読まないように。

⑩ a school _____
[学校行事]

⑪ a summer _____
[夏祭り]

⑫ Karaoke is _____ .
[カラオケは楽しい。] ☆fan(〈スポーツなどの〉ファン)と混同しないように。

51

レッスン 18 娯楽 ②

まずは12の英単語について、つづりと発音を身につけましょう。文字を見ながらCDを聞き、後に続いて単語と熟語を言ってみましょう。

	単語	意味	例	訳
☐ 1	**hobby** [hábi] ハビ	趣味	My hobby is reading.	私の趣味は読書です。
☐ 2	**toy** [tɔ́i] トイ	おもちゃ	play with a toy	おもちゃで遊ぶ
☐ 3	**doll** 発音 [dál] ダル	人形	make a paper doll	紙の人形を作る
☐ 4	**reading** [ríːdiŋ] ゥリーディング	読書	Reading is fun.	読書は楽しい。
☐ 5	**story** [stɔ́ːri] ストーリ	物語；話	read a long story	長い物語を読む
☐ 6	**comic** [kámik] カミック	マンガ	read a comic book	マンガの本を読む
☐ 7	**television** アクセント [téləvìʒən] テレヴィジャンヌ	テレビ	**watch television**	テレビを見る
☐ 8	**TV** [tíːvíː] ティーヴィー	テレビ	a TV show	テレビのショー[番組]
☐ 9	**radio** 発音 [réidiòu] ゥレイディオウ	ラジオ	hear it **on the radio**	それをラジオで聞く
☐ 10	**video** [vídiòu] ヴィディオウ	ビデオ	play a **video game**	テレビ[ビデオ]ゲームをする
☐ 11	**CD** [síːdíː] スィーディー	シーディー	play a CD	シーディーをかける
☐ 12	**DVD** [díːvíːdíː] ディーヴィーディー	ディーブイディー	watch a DVD	ディーブイディーを見る

A 日本語とヒントのアルファベットを見て、単語を口に出して言ってみましょう。

① 趣味 ➡ h□□□□
② おもちゃ ➡ t□□
③ 人形 ➡ d□□□
④ 読書 ➡ r□□□□□□
⑤ 物語；話 ➡ s□□□□□
⑥ マンガ ➡ c□□□□
⑦ テレビ ➡ t□□□□□□□□□
⑧ テレビ ➡ T□
⑨ ラジオ ➡ r□□□□
⑩ ビデオ ➡ v□□□□
⑪ シーディー ➡ C□
⑫ ディーブイディー ➡ D□□

B 日本語を見て、空所に入る英単語を書きましょう。左ページで単語のつづりを確認したら、右の余白にもう2回、書いて練習しましょう。

① My _____ is reading.
[私の趣味は読書です。]

② play with a _____
[おもちゃで遊ぶ]

③ make a paper _____
[紙の人形を作る] ☆「ドール」と読まないように。

④ _____ is fun.
[読書は楽しい。]

⑤ read a long _____
[長い物語を読む] ☆複数形は stories。

⑥ read a _____ book
[マンガの本を読む]

⑦ watch _____
[テレビを見る] ☆アクセントの位置に注意。

⑧ a _____ show
[テレビのショー[番組]] ☆上の語を短くした形です。

⑨ hear it on the _____
[それをラジオで聞く] ☆発音に注意。「ラジオ」ではありません。

⑩ play a _____ game
[テレビ[ビデオ]ゲームをする] ☆テレビゲームはこのように言います。

⑪ play a _____
[シーディーをかける] ☆compact disc（コンパクト・ディスク）の略語。

⑫ watch a _____
[ディーブイディーを見る] ☆digital video disc（デジタル・ビデオ・ディスク）の略語。

53

レッスン 19 娯楽 ③

まずは12の英単語について、つづりと発音を身につけましょう。文字を見ながらCDを聞き、後に続いて単語と熟語を言ってみましょう。

□	単語	意味	熟語	熟語の意味
1	**movie** [múːvi] ムーヴィ	映画	go to the movies	映画を見に行く
2	**film** [fílm] フィルム	映画；フィルム	see an animal film	動物映画を見る
3	**telephone** [téləfòun] テラフォウンヌ	電話	my telephone number	私の電話番号
4	**phone** [fóun] フォウンヌ	電話	make a phone call	電話をかける
5	**cell phone** [sél fòun] セルフォウンヌ	携帯電話	a new cell phone	新しい携帯電話
6	**computer** [kəmpjúːtər] カムピュータ	コンピュータ	a personal computer	パーソナル・コンピュータ；パソコン
7	**news** 発音 [njúːz] ニューズ	ニュース；知らせ	hear good news	よい知らせを聞く
8	**newspaper** 発音 アクセント [njúːzpèipər] ニューズペイパ	新聞	read the newspaper	新聞を読む
9	**camera** [kǽmərə] キャメラ	カメラ	a digital camera	デジタル・カメラ；デジカメ
10	**photograph** 発音 [fóutəgræf] フォウタグレァフ	写真	a family photograph	家族写真
11	**photo** 発音 [fóutou] フォウトウ	写真	take a photo	写真をとる
12	**album** [ǽlbəm] エァルバム	アルバム	show an album	アルバムを見せる

| 学習日 | 月 日 | 月 日 | 月 日 |

A 日本語とヒントのアルファベットを見て、単語を口に出して言ってみましょう。

① 映画　　　➡ m□□□□　② 映画；フィルム ➡ f□□□　③ 電話　　➡ t□□□□□□□□
④ 電話　　　➡ p□□□□　⑤ 携帯電話　　 ➡ c□□□ p□□□□　⑥ コンピュータ ➡ c□□□□□□□
⑦ ニュース；知らせ ➡ n□□□　⑧ 新聞　　　　 ➡ n□□□□□□□　⑨ カメラ　➡ c□□□□□
⑩ 写真　　　➡ p□□□□□□□□□　⑪ 写真　　　　 ➡ p□□□□　⑫ アルバム ➡ a□□□□

B 日本語を見て、空所に入る英単語を書きましょう。左ページで単語のつづりを確認したら、右の余白にもう2回、書いて練習しましょう。

① **go to the** _____
[映画を見に行く] ☆この表現では、「映画」を複数形にします（前に the をつけると「映画館」の意味になります）。

② **see an animal** _____
[動物映画を見る] ☆「（カメラに入れる）フィルム」の意味もあります。

③ **my** _____ **number**
[私の電話番号] ☆t で始まる語。

④ **make a** _____ **call**
[電話をかける] ☆上の語を短くした形。

⑤ **a new** _____
[新しい携帯電話] ☆携帯電話は mobile phone、cellular phone とも言います。

⑥ **a personal** _____
[パーソナル・コンピュータ；パソコン] ☆頭文字をとってPC（ピーシー）とも言います。

⑦ **hear good** _____
[よい知らせを聞く] ☆日本語の「ニュース」とは発音が違うので注意。

⑧ **read the** _____
[新聞を読む] ☆「ニュースがのっている紙」ということ。

⑨ **a digital** _____
[デジタル・カメラ；デジカメ]

⑩ **a family** _____
[家族写真] ☆アクセントに注意。

⑪ **take a** _____
[写真をとる] ☆上の語を短くした形。「写真をとる」はtake a picture とも言います。

⑫ **show an** _____
[アルバムを見せる]

レッスン 20 飲食 ⑤

まずは12の英単語について、つづりと発音を身につけましょう。文字を見ながらCDを聞き、後に続いて単語と熟語を言ってみましょう。

☐ 1	**drink** [dríŋk] ドゥリンク	飲み物	a cold drink	冷たい飲み物
☐ 2	**tea** [tíː] ティー	お茶	**make tea**	お茶を入れる
☐ 3	**coffee** (アクセント) [kɔ́ːfi] コーフィ	コーヒー	**a coffee shop**	コーヒー店；喫茶店
☐ 4	**cocoa** (発音) [kóukou] コウコウ	ココア	a cup of cocoa	カップ1ぱいのココア
☐ 5	**milk** [mílk] ミルク	ミルク；牛乳	cold milk	冷たいミルク
☐ 6	**cola** [kóulə] コウラ	コーラ	drink cola	コーラを飲む
☐ 7	**juice** (つづり) [dʒúːs] ヂュース	ジュース	banana juice	バナナジュース
☐ 8	**soda** [sóudə] ソウダ	ソーダ	melon soda	メロンソーダ
☐ 9	**wine** [wáin] ワインヌ	ワイン	red wine	赤ワイン
☐ 10	**beer** (発音) [bíər] ビア	ビール	a glass of beer	コップ1ぱいのビール
☐ 11	**café** (アクセント) [kæféi] キャフェイ	カフェ；喫茶店	a street café	通りに面したカフェ
☐ 12	**cafeteria** (発音) [kæfətíəriə] キャフェティーリア	カフェテリア；軽食堂	eat at a cafeteria	カフェテリアで食事をする

| 学習日 | 月 日 | 月 日 | 月 日 |

A 日本語とヒントのアルファベットを見て、単語を口に出して言ってみましょう。

① 飲み物 ➡ d□□□□　② お茶 ➡ t□□　③ コーヒー ➡ c□□□□□
④ ココア ➡ c□□□□　⑤ ミルク；牛乳 ➡ m□□□　⑥ コーラ ➡ c□□□
⑦ ジュース ➡ j□□□□　⑧ ソーダ ➡ s□□□　⑨ ワイン ➡ w□□□
⑩ ビール ➡ b□□□　⑪ カフェ；喫茶店 ➡ c□□□　⑫ カフェテリア；軽食堂 ➡ c□□□□□□□□

B 日本語を見て、空所に入る英単語を書きましょう。左ページで単語のつづりを確認したら、右の余白にもう2回、書いて練習しましょう。

① **a cold** _____
[冷たい飲み物]

② **make** _____
[お茶を入れる] ☆普通は紅茶(black tea)のこと。紅茶は red tea とは言わないので注意。緑茶は green tea です。

③ **a** _____ **shop**
[コーヒー店；喫茶店]

④ **a cup of** _____
[カップ1ぱいのココア] ☆「ココア」と読まないように。

⑤ **cold** _____
[冷たいミルク]

⑥ **drink** _____
[コーラを飲む]

⑦ **banana** _____
[バナナジュース] ☆つづり字に注意。

⑧ **melon** _____
[メロンソーダ]

⑨ **red** _____
[赤ワイン] ☆「お酒」一般の意味でも使います。日本酒は Japanese wine (または sake)です。

⑩ **a glass of** _____
[コップ1ぱいのビール] ☆「ビール」と読まないように。

⑪ **a street** _____
[通りに面したカフェ] ☆軽食を出す小さな食堂や喫茶店のこと。

⑫ **eat at a** _____
[カフェテリアで食事をする] ☆軽食を出すセルフサービスの食堂のこと。

クイックレスポンステスト ❷

英語 ☞ 日本語 英語を見て、その意味を日本語で言ってみましょう。

1	event	31	chair	61	post	91	box
2	doll	32	movie	62	sauce	92	present
3	seafood	33	rice	63	tea	93	color
4	name	34	film	64	hotdog	94	cheese
5	basket	35	child	65	kid	95	beef
6	letter	36	question	66	piano	96	chalk
7	newspaper	37	blackboard	67	comic	97	key
8	telephone	38	cell phone	68	pencil	98	women
9	photograph / photo	39	festival	69	chicken	99	camera
10	alarm	40	egg	70	girl	100	test
11	pork	41	soda	71	toast	101	dollar
12	cola	42	baby	72	pen	102	men
13	ham	43	story	73	desk	103	stamp
14	photo / photograph	44	curry	74	paint	104	friend
15	juice	45	reading	75	woman	105	museum
16	pizza	46	children	76	TV	106	picture
17	song	47	computer	77	card	107	café
18	homework	48	album	78	sandwich	108	toy
19	vase	49	gift	79	watch	109	wine
20	hobby	50	butter	80	hamburger	110	drink
21	video	51	cocoa	81	pasta	111	concert
22	pepper	52	mailbox	82	milk	112	money
23	art	53	beer	83	family	113	steak
24	CD	54	paper	84	fun	114	cent
25	noodle	55	dining	85	club	115	yen
26	clock	56	man	86	cafeteria	116	coffee
27	stew	57	bread	87	television	117	meat
28	mail	58	boy	88	coin	118	music
29	DVD	59	party	89	news	119	phone
30	member	60	radio	90	case	120	postcard

レッスン11〜20をシャッフル

日本語を見て、それに相当する英単語を言ってみましょう。

日本語 ☞ 英語

1 行事(e)	31 いす(c)	61 郵便(p)	91 箱(b)
2 人形(d)	32 映画(m)	62 ソース(s)	92 贈り物；プレゼント(p)
3 シーフード(s)	33 米(r)	63 お茶(t)	93 色(c)
4 名前(n)	34 映画；フィルム(f)	64 ホットドッグ(h)	94 チーズ(c)
5 かご(b)	35 子ども(c)	65 子ども(k)	95 牛肉(b)
6 手紙(l)	36 質問；問題(q)	66 ピアノ(p)	96 チョーク(c)
7 新聞(n)	37 黒板(b)	67 マンガ(c)	97 カギ(k)
8 電話(t)	38 携帯電話(c)	68 えんぴつ(p)	98 woman の複数形(w)
9 写真(p)	39 お祭り(f)	69 鶏肉(c)	99 カメラ(c)
10 目覚まし時計(a)	40 卵(e)	70 女の子(g)	100 テスト(t)
11 豚肉(p)	41 ソーダ(s)	71 トースト(t)	101 ドル(d)
12 コーラ(c)	42 赤ちゃん(b)	72 ペン(p)	102 man の複数形(m)
13 ハム(h)	43 物語；話(s)	73 つくえ(d)	103 切手(s)
14 写真(p)	44 カレー(c)	74 絵の具；ペンキ(p)	104 友だち(f)
15 ジュース(j)	45 読書(r)	75 女の人(w)	105 博物館；美術館(m)
16 ピザ(p)	46 child の複数形(c)	76 テレビ(T)	106 絵；写真(p)
17 歌(s)	47 コンピュータ(c)	77 カード(c)	107 カフェ；喫茶店(c)
18 宿題(h)	48 アルバム(a)	78 サンドイッチ(s)	108 おもちゃ(t)
19 花びん(v)	49 贈り物；プレゼント(g)	79 腕時計(w)	109 ワイン(w)
20 趣味(h)	50 バター(b)	80 ハンバーガー(h)	110 飲み物(d)
21 ビデオ(v)	51 ココア(c)	81 パスタ(p)	111 コンサート(c)
22 コショウ(p)	52 ポスト；郵便受け(m)	82 ミルク；牛乳(m)	112 お金(m)
23 芸術；美術(a)	53 ビール(b)	83 家族(f)	113 ステーキ(s)
24 シーディー(c)	54 紙(p)	84 楽しみ(f)	114 セント(c)
25 めん(n)	55 食事をすること(d)	85 クラブ；部(c)	115 円(y)
26 置き時計(c)	56 男の人；人間(m)	86 カフェテリア；軽食堂(c)	116 コーヒー(c)
27 シチュー(s)	57 パン(b)	87 テレビ(t)	117 肉(m)
28 郵便(m)	58 男の子(b)	88 硬貨；コイン(c)	118 音楽(m)
29 ディーブイディー(d)	59 パーティー(p)	89 ニュース；知らせ(n)	119 電話(p)
30 メンバー；会員(m)	60 ラジオ(r)	90 箱；ケース(c)	120 はがき(p)

※（ ）は最初の1文字です。

まとめて覚える！④

否定文について

英語の文は、大きく次の3種類に分けることができます。

文の種類	その文が表す意味
ふつうの文	「〜です」「〜します」
否定文	「〜ではありません」「〜しません」
疑問文	「〜ですか？」「〜しますか？」

ここでは、否定文の作り方を学びましょう。否定文を作るには、**not**（〜ない）という語を使います。動詞が**be**動詞のときは、次のような形になります。

> 〈ふつうの文〉A ＋ be動詞＋B. ＝ A は B です。
> 〈否定文〉　　　A ＋ be動詞 ＋ not ＋ B. ＝ A は B ではありません。

例 This is my bag.（これは私のバッグです）
→ This is **not** my bag. ＝ This isn't my bag.
（これは私のバッグではありません）

☆is notは、会話ではisn't イズントとまとめて言います。

例 I am a student.（私は学生です）
→ I am **not** a student. ＝ I'm not a student.
（これは私のバッグではありません）

☆am notを短くまとめることはできません。

例 We are students.（私たちは学生です）
→ We are **not** students. ＝ We aren't students.
（私たちは学生ではありません）

☆are notは、会話ではaren't アーントとまとめて言います。

一般動詞を使った否定文を作るには、**don't**（〜しない）という語を動詞の前に置きます。don'tはdo＋notを短くまとめた形です。

> 〈ふつうの文〉A ＋ 一般動詞 ＋ B. ＝ A は B を〜します。
> 〈否定文〉　　　A ＋ don't ＋ 一般動詞 ＋ B. ＝ A は B を〜しません。

例 I speak English.（私は英語を話します）
　→ I **don't** speak English.（私は英語を話しません）

ただしA（主語）が3人称単数のときは、don'tの代わりにdoesn'tを使います。

〈ふつうの文〉　A ＋ 一般動詞[-(e)s] ＋ B. ＝ A は B を～します。
〈否定文〉　　 A ＋ **doesn't** ＋ 一般動詞 ＋ B. ＝ A は B を～しません。

例 Sayaka speaks English.（サヤカは英語を話します）
　→ Sayaka **doesn't** speak English.（サヤカは英語を話しません）
　　☆speakがspeaksになるのと同じように、主語が3人称単数のときdoはdoesに変化します。
　　　doesn'tはdoes notをまとめて短くした形です。doesn'tの後ろの動詞は原形(speak)を使う点
　　　に注意。doesn't speaksとは言いません。

例 Kenta has a camera.（ケンタはカメラを持っています）
　→ Kenta **doesn't** have a camera.（ケンタはカメラを持っていません）
　　☆doesn'tの後ろはhasではなく原形のhaveになります。

以上をまとめると、次のようになります。

	ふつうの文	否定文
主語＋be動詞 （AはBです）	A is B. A are B. I am [I'm] B.	A is**n't** B. / A is not B. A are**n't** B. / A are not B. I'm **not** B. / I am not B.
主語＋一般動詞 （AはBを～します）	A speak [have] B. A speaks [has] B.	A **don't** speak [have] B. A **doesn't** speak [have] B.

重要単語いちらん
□ **not**　　　[nát]ナット　　　～ではない
□ **don't**　　[dóunt]ドウント　一般動詞の否定文を作るための記号
□ **doesn't**　[dʌ́znt]ダズント　一般動詞の否定文を作るための記号

レッスン 21 飲食 ⑥

まずは12の英単語について、つづりと発音を身につけましょう。文字を見ながらCDを聞き、後に続いて単語と熟語を言ってみましょう。

□	#	単語	発音	意味	例文	訳
□	1	**restaurant**	[réstərənt] レスタラント	レストラン	a French restaurant	フランス料理店
□	2	**dish**	[díʃ] ディッシュ	皿;料理	wash the dishes	皿を洗う
□	3	**plate**	[pléit] プレイト	皿	a cake plate	ケーキ用の皿
□	4	**menu**	[ménjuː] メニュー	メニュー	see a menu	メニューを見る
□	5	**waiter**	[wéitər] ウェイタ	ウェイター	call a waiter	ウェイターを呼ぶ
□	6	**waitress**	[wéitris] ウェイトリス	ウェイトレス	a kind waitress	親切なウェイトレス
□	7	**spoon**	[spúːn] スプーンヌ	スプーン	a tea spoon	ティースプーン
□	8	**knife**	[náif] ナイフ	ナイフ	a fruit knife	フルーツナイフ
□	9	**fork**	[fɔ́ːrk] フォーク	フォーク	fork and knife	フォークとナイフ
□	10	**soup**	[súːp] スープ	スープ	hot corn soup	熱いコーンスープ
□	11	**salad**	[sǽləd] セァラッド	サラダ	a tomato salad	トマトサラダ
□	12	**dessert**	[dizə́ːrt] ディザート	デザート	What's for dessert?	デザートは何ですか?

A 日本語とヒントのアルファベットを見て、単語を口に出して言ってみましょう。

① レストラン ➡ r☐☐☐☐☐☐☐☐☐
② 皿；料理 ➡ d☐☐☐
③ 皿 ➡ p☐☐☐☐
④ メニュー ➡ m☐☐☐
⑤ ウェイター ➡ w☐☐☐☐☐
⑥ ウェイトレス ➡ w☐☐☐☐☐☐☐
⑦ スプーン ➡ s☐☐☐☐
⑧ ナイフ ➡ k☐☐☐☐
⑨ フォーク ➡ f☐☐☐
⑩ スープ ➡ s☐☐☐
⑪ サラダ ➡ s☐☐☐☐
⑫ デザート ➡ d☐☐☐☐☐☐

B 日本語を見て、空所に入る英単語を書きましょう。左ページで単語のつづりを確認したら、右の余白にもう2回、書いて練習しましょう。

① **a French** _____
[フランス料理店]

② **wash the** _____
[皿を洗う] ☆複数形は es をつけて作ります。前に Japanese を置くと「日本料理（Japanese food）」の意味になります。

③ **a cake** _____
[ケーキ用の皿] ☆食べ物を盛った大皿はこの語で表します。取り分け用の小皿は plate とも言います。

④ **see a** _____
[メニューを見る]

⑤ **call a** _____
[ウェイターを呼ぶ]

⑥ **a kind** _____
[親切なウェイトレス] ☆-essは女性を表す名詞を作ります。たとえばstewardess（スチュワーデス）など。

⑦ **a tea** _____
[ティースプーン]

⑧ **a fruit** _____
[フルーツナイフ] ☆つづりに注意。複数形は knives [náivz]ナイブズ です。

⑨ _____ **and knife**
[フォークとナイフ]

⑩ **hot corn** _____
[熱いコーンスープ]

⑪ **a tomato** _____
[トマトサラダ] ☆「サラダ」と読まないように。

⑫ **What's for** _____ ?
[デザートは何ですか？] ☆つづり字に注意。

レッスン 22 飲食 ⑦

まずは12の英単語について、つづりと発音を身につけましょう。文字を見ながらCDを聞き、後に続いて単語と熟語を言ってみましょう。

	単語	意味	例	訳
☐ 1	**cake** [kéik] ケイク	ケーキ	a wedding cake	ウェディングケーキ
☐ 2	**candy** [kǽndi] キャンディ	キャンディー；お菓子	eat a piece of candy	キャンディーを1つ食べる
☐ 3	**chocolate** [tʃɔ́:kələt] チョーカリット	チョコレート	milk chocolate	ミルクチョコレート
☐ 4	**gum** [gʌ́m] ガム	ガム	chew gum	ガムをかむ
☐ 5	**cookie** [kúki] クッキ	クッキー	chocolate chip cookies	チョコレートチップ入りのクッキー
☐ 6	**biscuit** [bískit] ビスケット	ビスケット	bake biscuits	ビスケットを焼く
☐ 7	**cracker** [krǽkər] クレアッカ	クラッカー	cheese with crackers	チーズクラッカー
☐ 8	**doughnut** [dóunət] ドウナット	ドーナツ	a sugar doughnut	シュガードーナツ
☐ 9	**pancake** [pǽnkèik] ペァンケイク	ホットケーキ	eat pancakes for breakfast	朝食にホットケーキを食べる
☐ 10	**pie** [pái] パイ	パイ	bake a meat pie	ミートパイを焼く
☐ 11	**popcorn** [pɑ́pkɔ̀:rn] ポップコーンヌ	ポップコーン	salt and butter popcorn	塩とバター味のポップコーン
☐ 12	**cream** [krí:m] クリーム	クリーム	ice cream	アイスクリーム

A
日本語とヒントのアルファベットを見て、単語を口に出して言ってみましょう。

① ケーキ ➡ c□□□
② キャンディー；お菓子 ➡ c□□□□
③ チョコレート ➡ c□□□□□□□□
④ ガム ➡ g□□
⑤ クッキー ➡ c□□□□□
⑥ ビスケット ➡ b□□□□□□
⑦ クラッカー ➡ c□□□□□□
⑧ ドーナツ ➡ d□□□□□□□
⑨ ホットケーキ ➡ p□□□□□□□
⑩ パイ ➡ p□□
⑪ ポップコーン ➡ p□□□□□□
⑫ クリーム ➡ c□□□□

B
日本語を見て、空所に入る英単語を書きましょう。左ページで単語のつづりを確認したら、右の余白にもう2回、書いて練習しましょう。

① **a wedding** _____
[ウェディングケーキ]

② **eat a piece of** _____
[キャンディーを1つ食べる] ☆アメリカではこの語はあめやチョコレートで作るお菓子全般を指します。

③ **milk** _____
[ミルクチョコレート]

④ **chew** _____
[ガムをかむ] ☆(チューイン)ガムは chewing gum とも言います。

⑤ **chocolate chip** _____
[チョコレートチップ入りのクッキー] ☆複数形で使うのがふつうです。

⑥ **bake** _____
[ビスケットを焼く] ☆イギリスでは日本のビスケットに近いものを指しますが、アメリカでは小型のさっくりしたパンを意味します。

⑦ **cheese with** _____
[チーズクラッカー] ☆動詞の crack は「割る」「くだく」という意味。

⑧ **a sugar** _____
[シュガードーナツ] ☆つづりに注意。gh は発音しません。

⑨ **eat** _____ **for breakfast**
[朝食にホットケーキを食べる] ☆pan(なべ、フライパン)で作るケーキです。

⑩ **bake a meat** _____
[ミートパイを焼く]

⑪ **salt and butter** _____
[塩とバター味のポップコーン] ☆動詞の pop は「ポンとはじける」という意味。

⑫ **ice** _____
[アイスクリーム] ☆シュークリームに当たる英語は cream puff。shoe cream は「くつ用のクリーム」です。

レッスン 23 スポーツ ①

まずは12の英単語について、つづりと発音を身につけましょう。文字を見ながらCDを聞き、後に続いて単語と熟語を言ってみましょう。

	単語	意味	熟語	意味
☐ 1	**sport** [spɔ́ːrt] スポート	スポーツ	What sport do you like?	どんなスポーツが好きですか？
☐ 2	**baseball** [béisbɔ̀ːl] ベイスボール（アクセント）	野球	**play baseball**	野球をする
☐ 3	**soccer** [sákər] サッカ	サッカー	a soccer ball	サッカーボール
☐ 4	**football** [fútbɔ̀ːl] フットボール（アクセント）	サッカー；フットボール	**American football**	アメリカンフットボール；アメフト
☐ 5	**basketball** [bǽskitbɔ̀ːl] ベァスケットボール（アクセント）	バスケットボール	a basketball game	バスケットボールの試合
☐ 6	**volleyball** [válibɔ̀ːl] ヴァリボール（アクセント）	バレーボール	**play volleyball**	バレーボールをする
☐ 7	**tennis** [ténis] テニス（つづり）	テニス	**play tennis** with her	彼女とテニスをする
☐ 8	**hockey** [háki] ハッキ	ホッケー	**ice hockey**	アイスホッケー
☐ 9	**rugby** [rʌ́gbi] ゥラグビ	ラグビー	a rugby field	ラグビー場
☐ 10	**golf** [gálf] ガルフ	ゴルフ	a golf ball	ゴルフボール
☐ 11	**pingpong** [píŋpɑ̀ŋ] ピングパング	卓球	a pingpong table	卓球台
☐ 12	**swimming** [swímiŋ] スウィミング（つづり）	水泳	enjoy swimming	水泳を楽しむ

| 学習日 | 月 日 | 月 日 | 月 日 |

A 日本語とヒントのアルファベットを見て、単語を口に出して言ってみましょう。

① スポーツ ➡ s☐☐☐☐ ② 野球 ➡ b☐☐☐☐☐☐☐ ③ サッカー ➡ s☐☐☐☐☐
④ サッカー；フットボール ➡ f☐☐☐☐☐☐ ⑤ バスケットボール ➡ b☐☐☐☐☐☐☐☐☐ ⑥ バレーボール ➡ v☐☐☐☐☐☐☐☐☐
⑦ テニス ➡ t☐☐☐☐☐ ⑧ ホッケー ➡ h☐☐☐☐☐ ⑨ ラグビー ➡ r☐☐☐☐
⑩ ゴルフ ➡ g☐☐☐ ⑪ 卓球 ➡ p☐☐☐☐☐☐☐ ⑫ 水泳 ➡ s☐☐☐☐☐☐☐

B 日本語を見て、空所に入る英単語を書きましょう。左ページで単語のつづりを確認したら、右の余白にもう2回、書いて練習しましょう。

① **What** _____ **do you like?**
[どんなスポーツが好きですか？] ☆複数形には s がつきます。

② **play** _____
[野球をする] ☆play＋スポーツ名＝〜（の競技）をする。play the piano（ピアノをひく）など楽器の場合は前に the をつけますが、スポーツの場合は the をつけません。

③ **a** _____ **ball**
[サッカーボール]

④ **American** _____
[アメリカンフットボール；アメフト] ☆イギリスではサッカーのことをフットボールと言います。

⑤ **a** _____ **game**
[バスケットボールの試合] ☆「〜 ball」という形の語は、前を強く読むと覚えておきましょう。

⑥ **play** _____
[バレーボールをする]

⑦ **play** _____ **with her**
[彼女とテニスをする] ☆n が2つ並ぶつづりに注意。

⑧ **ice** _____
[アイスホッケー]

⑨ **a** _____ **field**
[ラグビー場]

⑩ **a** _____ **ball**
[ゴルフボール]

⑪ **a** _____ **table**
[卓球台]

⑫ **enjoy** _____
[水泳を楽しむ] ☆動詞は swim（泳ぐ）。つづり字に注意してください（m が重なります）。

レッスン 24 スポーツ ②

まずは12の英単語について、つづりと発音を身につけましょう。文字を見ながらCDを聞き、後に続いて単語と熟語を言ってみましょう。

□	#	単語	発音	意味	例	訳
□	1	**player**	[pléiər] プレイア	選手	a soccer player	サッカー選手
□	2	**pitcher**	[pítʃər] ピッチャ	投手；ピッチャー	a fast pitcher	速球投手
□	3	**ball**	[bɔ́ːl] ボール	ボール	hit a ball	ボールを打つ
□	4	**bat**	[bǽt] ベァト	バット	a metal bat	金属バット
□	5	**racket** (アクセント)	[rǽkit] レァキット	ラケット	a badminton racket	バドミントンのラケット
□	6	**court**	[kɔ́ːrt] コート	コート	a tennis court	テニスコート
□	7	**net**	[nét] ネット	ネット；網	the goal net	〈サッカーの〉ゴールネット
□	8	**team**	[tíːm] ティーム	チーム	join a baseball team	野球チームに入る
□	9	**teamwork** (アクセント)	[tíːmwə̀ːrk] ティームワーク	チームワーク	have good teamwork	チームワークがよい
□	10	**captain**	[kǽptən] キャプテンヌ	キャプテン；主将	the captain of the team	そのチームのキャプテン
□	11	**game**	[géim] ゲイム	試合；ゲーム	start a game	試合を始める
□	12	**match**	[mǽtʃ] メァチ	試合	a tennis match	テニスの試合

| 学習日 | 月 日 | 月 日 | 月 日 |

A 日本語とヒントのアルファベットを見て、単語を口に出して言ってみましょう。

① 選手　　　➡ p□□□□□　② 投手；ピッチャー ➡ p□□□□□□　③ ボール ➡ b□□□
④ バット　　➡ b□□　　　　⑤ ラケット　　　➡ r□□□□□　　⑥ コート ➡ c□□□□
⑦ ネット；網 ➡ n□□　　　　⑧ チーム　　　　➡ t□□□　　　　⑨ チームワーク ➡ t□□□□□□□
⑩ キャプテン；主将 ➡ c□□□□□□　⑪ 試合；ゲーム ➡ g□□□　　⑫ 試合 ➡ m□□□□

B 日本語を見て、空所に入る英単語を書きましょう。左ページで単語のつづりを確認したら、右の余白にもう2回、書いて練習しましょう。

① **a soccer** _____
　[サッカー選手] ☆動詞は play（プレイする）。動詞に -er をつけると「〜する人」という意味になります。

② **a fast** _____
　[速球投手] ☆動詞は pitch（投げる）です。同様に catch（キャッチする）＋-er で catcher（キャッチャー）になります。

③ **hit a** _____
　[ボールを打つ]

④ **a metal** _____
　[金属バット]

⑤ **a badminton** _____
　[バドミントンのラケット] ☆アクセントの位置に注意。前を強く読みます。

⑥ **a tennis** _____
　[テニスコート]

⑦ **the goal** _____
　[〈サッカーの〉ゴールネット]

⑧ **join a baseball** _____
　[野球チームに入る]

⑨ **have good** _____
　[チームワークがよい] ☆アクセントの位置に注意。前を強く読みます。

⑩ **the** _____ **of the team**
　[そのチームのキャプテン]

⑪ **start a** _____
　[試合を始める] ☆g で始まる語です。

⑫ **a tennis** _____
　[テニスの試合] ☆「〈火をつける〉マッチ」の意味もあります。

レッスン 25 スポーツ ③

まずは12の英単語について、つづりと発音を身につけましょう。文字を見ながらCDを聞き、後に続いて単語と熟語を言ってみましょう。

☐	1	**stadium** 発音 [stéidiəm] ステイディアム	競技場	**a soccer stadium**	サッカー競技場
☐	2	**score** [skɔ́:r] スコー	得点	get a high score	高い得点を取る
☐	3	**race** [réis] ゥレイス	レース	win a race	レースに勝つ
☐	4	**runner** つづり [rʌ́nər] ゥランナ	走者	a fast runner	速いランナー
☐	5	**fan** [fǽn] フェアンヌ	ファン	I'm a basketball fan.	私はバスケットボールのファンです。
☐	6	**pool** [pú:l] プール	プール	a swimming pool	〈水泳用の〉プール
☐	7	**coach** [kóutʃ] コウチ	コーチ	a football coach	フットボールのコーチ
☐	8	**training** [tréiniŋ] トゥレイニング	トレーニング	hard training	きびしいトレーニング
☐	9	**cycling** [sáikliŋ] サイクリング	サイクリング	enjoy cycling	サイクリングを楽しむ
☐	10	**hiking** [háikiŋ] ハイキング	ハイキング	go hiking	ハイキングに行く
☐	11	**picnic** [píknik] ピクニック	ピクニック	go on a picnic	ピクニックに行く
☐	12	**camping** [kǽmpiŋ] キャムピング	キャンプ	a tent for camping	キャンプ用のテント

| 学習日 | 月 日 | 月 日 | 月 日 |

A 日本語とヒントのアルファベットを見て、単語を口に出して言ってみましょう。

① 競技場 ➡ s□□□□□□ ② 得点 ➡ s□□□□ ③ レース ➡ r□□□
④ 走者 ➡ r□□□□□□ ⑤ ファン ➡ f□□ ⑥ プール ➡ p□□□
⑦ コーチ ➡ c□□□□ ⑧ トレーニング ➡ t□□□□□□□□ ⑨ サイクリング ➡ c□□□□□□□
⑩ ハイキング ➡ h□□□□□ ⑪ ピクニック ➡ p□□□□□ ⑫ キャンプ ➡ c□□□□□□

B 日本語を見て、空所に入る英単語を書きましょう。左ページで単語のつづりを確認したら、右の余白にもう2回、書いて練習しましょう。

① **a soccer** _____
［サッカー競技場］ ☆「スタジアム」と読まないように。

② **get a high** _____
［高い得点を取る］

③ **win a** _____
［レースに勝つ］

④ **a fast** _____
［速いランナー］ ☆run（走る）＋-er（〜する人）ですが、n が重なる点に注意。

⑤ **I'm a basketball** _____ **.**
［私はバスケットボールのファンです。］ ☆「扇風機」の意味もあります。

⑥ **a swimming** _____
［〈水泳用の〉プール］ ☆swimming は省略できますが、この語だけだと「水たまり」の意味にもなります。

⑦ **a football** _____
［フットボールのコーチ］

⑧ **hard** _____
［きびしいトレーニング］

⑨ **enjoy** _____
［サイクリングを楽しむ］

⑩ **go** _____
［ハイキングに行く］ ☆ハイキングは歩くことが主な目的。

⑪ **go on a** _____
［ピクニックに行く］ ☆ピクニックはお弁当を食べることが主な目的。

⑫ **a tent for** _____
［キャンプ用のテント］

まとめて覚える！⑤

疑問文

「～ですか」「～しますか」と相手にたずねる文を**疑問文**と言います。疑問文の最後には「**?**」(クエスチョン・マーク[疑問符])をつけます。
　動詞がbe動詞の場合、疑問文を作るには主語とbe動詞を入れかえます。答え方も見ていきましょう。

> 〈ふつうの文〉A ＋ be動詞 ＋ B. ＝ A は B です。
> 〈疑問文〉　　be動詞 ＋ A ＋ B? ＝ A は B ですか。

例　This is her bag. (これは彼女のバッグです)
　　→ **Is this** her bag? (これは彼女のバッグですか)
　　　— **Yes**, it is. (はい、そうです) ／ **No**, it isn't. (いいえ、ちがいます)

　　☆「はい」はyes、「いいえ」はno、itは「それ」。上の返答は次の文を短くした形です。
　　・Yes, it is (her bag). (はい、それは彼女のバッグです)
　　・No, it isn't (her bag). (いいえ、それは彼女のバッグではありません)

例　They are students. (彼らは学生です)
　　→ **Are they** students? (彼らは学生ですか)
　　　— **Yes**, they are. (はい、そうです) ／ **No**, they aren't. (いいえ、ちがいます)

動詞が一般動詞の場合、疑問文は次のようにして作ります。

> 〈ふつうの文〉A ＋ 一般動詞 ＋ B. ＝ A は B を～します。
> 〈疑問文〉　　Do ＋ A ＋ 一般動詞 ＋ B? ＝ A は B を～しますか。

例　They speak English. (彼らは英語を話します)
　　→ **Do** they speak English? (彼らは英語を話しますか)
　　　— **Yes**, they do. (はい、話します) ／ **No**, they aren't. (いいえ、話しません)

　　☆doは疑問文を作るための記号と考えてください。答えるときはdoを使い、Yes, they speak. とは言いません。

Aが3人称単数のときは、doの代わりにdoesを使います。

> 〈ふつうの文〉A ＋ 一般動詞 [-(e)s] ＋ B. ＝ A は B を～します。
> 〈疑問文〉　　**Does** ＋ **A** ＋ 一般動詞 ＋ **B?** ＝ A は B を～しますか。

例 Sayaka speak<u>s</u> English.（サヤカは英語を話します）
　　→ **Does** Sayaka <u>speak</u> English?（サヤカは英語を話しますか）
　　— **Yes**, she does.（はい、話します）／**No**, she doesn't.（いいえ、話しません）

☆否定文のときと同じように、doesの後ろの動詞は原形（speak）です。Does Sayaka speaks ～？とは言いません。答えるときはdoesを使います。

例 Kenta <u>has</u> a camera.（ケンタはカメラを持っています）
　　→ **Does** Kenta <u>have</u> a camera?（ケンタはカメラを持っていますか）
　　— **Yes**, he does.（はい、持っています）／**No**, he doesn't.（いいえ、持っていません）

以上をまとめると、次のようになります。

	ふつうの文	疑問文
主語＋be動詞 （AはBです）	A is B. A are B. I am [I'm] B.	**Is** A B? **Are** A B? **Am** I B?
主語＋一般動詞 （AはBを～します）	A speak [have] B. A speaks [has] B.	**Do** A speak [have] B? **Does** A speak [have] B?

重要単語いちらん			
□ yes	[jés] イェス	はい	
□ no	[nóu] ノウ	いいえ	
□ do	[dú:] ドゥー	一般動詞の疑問文を作るための記号	
□ does	[dʌ́z] ダズ	一般動詞の疑問文を作るための記号	

レッスン 26 仕事

まずは12の英単語について、つづりと発音を身につけましょう。文字を見ながらCDを聞き、後に続いて単語と熟語を言ってみましょう。

	単語	意味	熟語	訳
☐1	**work** [wə́ːrk] ワーク	仕事	begin work	仕事を始める
☐2	**job** [dʒáb] ヂャブ	仕事；職業	What is his job?	彼の仕事は何ですか？
☐3	**dancer** [dǽnsər] デァンサ	ダンサー	a good dancer	じょうずなダンサー
☐4	**singer** [síŋər] スィンガ	歌手	a bad singer	へたな歌手
☐5	**driver** [dráivər] ドゥライヴァ	運転手	a bus driver	バスの運転手
☐6	**farmer** [fáːrmər] ファーマ	農場主	a rich farmer	金持ちの農場主
☐7	**pianist** [piǽnist] ピエァニスト (アクセント)	ピアニスト	a wonderful pianist	すばらしいピアニスト
☐8	**artist** [áːrtist] アーティスト	芸術家；画家	a great artist	偉大な芸術家
☐9	**pilot** [páilət] パイラット	パイロット	become a pilot	パイロットになる
☐10	**policeman** [pəlíːsmən] パリースメァンヌ (アクセント)	警官	call a policeman	警官を呼ぶ
☐11	**doctor** [dáktər] ダクタ	医者	an eye doctor	目医者
☐12	**nurse** [nə́ːrs] ナース	看護師	a kind nurse	親切な看護師

A 日本語とヒントのアルファベットを見て、単語を口に出して言ってみましょう。

① 仕事　➡ w□□□
② 仕事；職業　➡ j□□
③ ダンサー　➡ d□□□□□
④ 歌手　➡ s□□□□□
⑤ 運転手　➡ d□□□□□
⑥ 農場主　➡ f□□□□□
⑦ ピアニスト　➡ p□□□□□□
⑧ 芸術家；画家　➡ a□□□□□
⑨ パイロット　➡ p□□□□
⑩ 警官　➡ p□□□□□□□□
⑪ 医者　➡ d□□□□□
⑫ 看護師　➡ n□□□□

B 日本語を見て、空所に入る英単語を書きましょう。左ページで単語のつづりを確認したら、右の余白にもう2回、書いて練習しましょう。

① **begin** _____
[仕事を始める] ☆動詞として使うと「働く」の意味です。

② **What is his** _____ **?**
[彼の仕事は何ですか？]

③ **a good** _____
[じょうずなダンサー] ☆dance(踊る)＋-er(〜する人)。e で終わる動詞の場合は、r だけをつけます。

④ **a bad** _____
[へたな歌手]

⑤ **a bus** _____
[バスの運転手]

⑥ **a rich** _____
[金持ちの農場主] ☆日本で言う「農家(の人)」のこと。farm は「農場」です。

⑦ **a wonderful** _____
[すばらしいピアニスト] ☆アクセントの位置に注意。-ist は「〜を使う[〜に関係する]人」という意味の名詞を作ります。

⑧ **a great** _____
[偉大な芸術家]

⑨ **become a** _____
[パイロットになる]

⑩ **call a** _____
[警官を呼ぶ] ☆男性の警官のこと。複数形は man を men にします。police officer は男女のどちらにも使えます。

⑪ **an eye** _____
[目医者] ☆「博士」の意味もあり、Dr. Johnson(ジョンソン博士)のように短縮形で使います。

⑫ **a kind** _____
[親切な看護師]

レッスン 27 　交通 ①

まずは12の英単語について、つづりと発音を身につけましょう。文字を見ながらCDを聞き、後に続いて単語と熟語を言ってみましょう。

CD 28

□	#	単語	発音	意味	熟語	訳
□	1	**car**	[káːr] カー	車	drive a car	車を運転する
□	2	**taxi**	[tǽksi] テァクスィ	タクシー	catch a taxi	タクシーをつかまえる
□	3	**bus**	[bʌ́s] バス	バス	get on a bus	バスに乗る
□	4	**truck**	[trʌ́k] トゥラック	トラック	a truck driver	トラックの運転手
□	5	**train**	[tréin] トゥレインヌ	電車	a fast train	急行電車
□	6	**subway**	[sʌ́bwèi] サブウェイ	地下鉄	a subway station	地下鉄の駅
□	7	**ship**	[ʃíp] シップ	船	go **by ship**	船で行く
□	8	**boat**	[bóut] ボウト	船；ボート	row a boat	ボートをこぐ
□	9	**airplane** 〈アクセント〉	[ɛ́ərplèin] エアプレインヌ	飛行機	a flying airplane	飛んでいる飛行機
□	10	**plane**	[pléin] プレインヌ	飛行機	travel **by plane**	飛行機で旅行する
□	11	**bicycle** 〈つづり〉	[báisikl] バイスィクル	自転車	buy a new bicycle	新しい自転車を買う
□	12	**bike**	[báik] バイク	自転車；バイク	ride a bike	自転車に乗る

76

A
日本語とヒントのアルファベットを見て、単語を口に出して言ってみましょう。

① 車 ➡ c□□
② タクシー ➡ t□□□
③ バス ➡ b□□
④ トラック ➡ t□□□□
⑤ 電車 ➡ t□□□□
⑥ 地下鉄 ➡ s□□□□□
⑦ 船 ➡ s□□□
⑧ 船；ボート ➡ b□□□
⑨ 飛行機 ➡ a□□□□□□□
⑩ 飛行機 ➡ p□□□□
⑪ 自転車 ➡ b□□□□□□
⑫ 自転車；バイク ➡ b□□□

B
日本語を見て、空所に入る英単語を書きましょう。左ページで単語のつづりを確認したら、右の余白にもう2回、書いて練習しましょう。

① **drive a** _____
　［車を運転する］

② **catch a** _____
　［タクシーをつかまえる］

③ **get on a** _____
　［バスに乗る］☆複数形は buses。

④ **a** _____ **driver**
　［トラックの運転手］

⑤ **a fast** _____
　［急行電車］

⑥ **a** _____ **station**
　［地下鉄の駅］

⑦ **go by** _____
　［船で行く］☆[s]（ス）と[ʃ]（シュ）の音の違いに注意。[ʃ]の音は、口をすぼめ前につき出して発音します。

⑧ **row a** _____
　［ボートをこぐ］☆「ボート」と読まないように。oa の発音は[ou]（オウ）です。

⑨ **a flying** _____
　［飛んでいる飛行機］☆a で始まる語です。アクセントの位置に注意。

⑩ **travel by** _____
　［飛行機で旅行する］☆上の語の air を省略した形です。

⑪ **buy a new** _____
　［新しい自転車を買う］☆つづり字に注意。

⑫ **ride a** _____
　［自転車に乗る］☆オートバイ(motorbike [motorcycle])の意味でも使います。

レッスン28 交通 ②

まずは12の英単語について、つづりと発音を身につけましょう。文字を見ながらCDを聞き、後に続いて単語と熟語を言ってみましょう。

CD 29

□	単語	意味	熟語	訳
1	**way** [wéi] ウェイ	道；とちゅう	**on my way to school**	学校へ行くとちゅうで
2	**road** [róud] ゥロウド	道路	a country road	いなか道
3	**street** [stríːt] ストゥリート	通り	a wide street	広い通り
4	**station** [stéiʃən] ステイシャンヌ	駅	meet him at the station	駅で彼を迎える
5	**railroad** [réilròud] ゥレイルロウド (アクセント)	鉄道	a railroad station	鉄道の駅
6	**airport** [ɛ́ərpɔ̀ːrt] エアポート (アクセント)	空港	go to the airport by car	車で空港へ行く
7	**ticket** [tíkit] ティケット (アクセント)	キップ	a ticket for Osaka	大阪行きのキップ
8	**gas** [gǽs] ゲァス	ガソリン	**a gas station**	ガソリンスタンド
9	**signal** [sígnəl] スィグナル	信号機	The signal turned red.	信号が赤に変わった。
10	**traffic** [trǽfik] トゥレァフィック (つづり)	交通	**a traffic signal**	交通信号
11	**jet** [dʒét] ヂェット	ジェット	a jet plane	ジェット機
12	**rocket** [rákit] ゥラケット (アクセント)	ロケット	a moon rocket	月ロケット

| 学習日 | 月 日 | 月 日 | 月 日 |

A 日本語とヒントのアルファベットを見て、単語を口に出して言ってみましょう。

① 道；とちゅう ➡ w□□
② 道路 ➡ r□□□
③ 通り ➡ s□□□□□□
④ 駅 ➡ s□□□□□□
⑤ 鉄道 ➡ r□□□□□□□
⑥ 空港 ➡ a□□□□□□
⑦ キップ ➡ t□□□□□
⑧ ガソリン ➡ g□□
⑨ 信号機 ➡ s□□□□□
⑩ 交通 ➡ t□□□□□□
⑪ ジェット ➡ j□□
⑫ ロケット ➡ r□□□□□

B 日本語を見て、空所に入る英単語を書きましょう。左ページで単語のつづりを確認したら、右の余白にもう2回、書いて練習しましょう。

① **on my _____ to school**
[学校へ行くとちゅうで]

② **a country _____**
[いなか道] ☆「ロード」と読まないように。oa の発音は[ou](オウ)です。

③ **a wide _____**
[広い通り]

④ **meet him at the _____**
[駅で彼を迎える]

⑤ **a _____ station**
[鉄道の駅] ☆イギリスでは鉄道は railway と言います。

⑥ **go to the _____ by car**
[車で空港へ行く] ☆アクセントの位置に注意。最初を強く読みます。

⑦ **a _____ for Osaka**
[大阪行きのキップ] ☆アクセントの位置に注意。最初を強く読みます。

⑧ **a _____ station**
[ガソリンスタンド] ☆gas は gasoline を短くしたもの。gas には「ガス」「気体」の意味もあります。

⑨ **The _____ turned red.**
[信号が赤に変わった。]

⑩ **a _____ signal**
[交通信号] ☆f を重ねる点に注意。

⑪ **a _____ plane**
[ジェット機]

⑫ **a moon _____**
[月ロケット] ☆アクセントの位置に注意。最初を強く読みます。

レッスン 29 場所 ①

まずは12の英単語について、つづりと発音を身につけましょう。文字を見ながらCDを聞き、後に続いて単語と熟語を言ってみましょう。

□	#	単語	意味	例	訳
□	1	**building** [bíldiŋ] ビルディング	建物；ビル	a high building	高いビル
□	2	**church** [tʃə́ːrtʃ] チャーチ	教会	**go to church**	教会へ行く
□	3	**castle** 発音 [kǽsl] キャスル	城	visit an old castle	古い城を訪ねる
□	4	**tower** 発音 [táuər] タウア	塔	see a tall tower	高い塔が見える
□	5	**hotel** アクセント [houtél] ホウテル	ホテル	**stay at a hotel**	ホテルに泊まる
□	6	**hospital** [háspitl] ハスピタル	病院	visit her in the hospital	病院へ彼女のおみまいに行く
□	7	**bank** [bǽŋk] ベァンク	銀行	work at a bank	銀行で働く
□	8	**police** アクセント [pəlíːs] パリース	警察	**a police station**	警察署
□	9	**park** [páːrk] パーク	公園	play in the park	公園で遊ぶ
□	10	**bench** [béntʃ] ベンチ	ベンチ	sit on a bench	ベンチにすわる
□	11	**hall** [hɔ́ːl] ホール	ホール；広間	**a concert hall**	コンサートホール
□	12	**zoo** 発音 [zúː] ズー	動物園	animals in the zoo	動物園の動物たち

| 学習日 | 月 日 | 月 日 | 月 日 |

A 日本語とヒントのアルファベットを見て、単語を口に出して言ってみましょう。

① 建物；ビル ➡ b☐☐☐☐☐☐   ② 教会 ➡ c☐☐☐☐☐   ③ 城 ➡ c☐☐☐☐☐
④ 塔 ➡ t☐☐☐☐   ⑤ ホテル ➡ h☐☐☐☐   ⑥ 病院 ➡ h☐☐☐☐☐☐☐
⑦ 銀行 ➡ b☐☐☐   ⑧ 警察 ➡ p☐☐☐☐☐   ⑨ 公園 ➡ p☐☐☐
⑩ ベンチ ➡ b☐☐☐☐☐   ⑪ ホール；広間 ➡ h☐☐☐   ⑫ 動物園 ➡ z☐☐

B 日本語を見て、空所に入る英単語を書きましょう。左ページで単語のつづりを確認したら、右の余白にもう2回、書いて練習しましょう。

① **a high** _____
[高いビル] ☆日本語の「ビル」をそのまま言っても英語では通じません。

② **go to** _____
[教会へ行く] ☆「教会へお祈りに行く」という意味のときは、前に a や the はつけません。

③ **visit an old** _____
[古い城を訪ねる] ☆つづり字の t は発音しません。

④ **see a tall** _____
[高い塔が見える] ☆「タワー」と読まないように。

⑤ **stay at a** _____
[ホテルに泊まる] ☆アクセントの位置に注意。

⑥ **visit her in the** _____
[病院へ彼女のおみまいに行く]

⑦ **work at a** _____
[銀行で働く]

⑧ **a** _____ **station**
[警察署] ☆アクセントの位置に注意。

⑨ **play in the** _____
[公園で遊ぶ]

⑩ **sit on a** _____
[ベンチにすわる]

⑪ **a concert** _____
[コンサートホール]

⑫ **animals in the** _____
[動物園の動物たち]

レッスン 30 場所 ②

まずは12の英単語について、つづりと発音を身につけましょう。文字を見ながらCDを聞き、後に続いて単語と熟語を言ってみましょう。

	単語	意味	例	訳
☐ 1	**place** [pléis] プレイス	場所	a beautiful place	美しい場所
☐ 2	**bridge** [brídʒ] ブリッヂ (つづり)	橋	a bridge over the river	川にかかった橋
☐ 3	**office** [ɔ́ːfis] アフィス	オフィス；職場	work in the office	オフィスで働く
☐ 4	**shop** [ʃάp] シャップ	店	a camera shop	カメラ店
☐ 5	**store** [stɔ́ːr] ストー	店	a food store	食料品店
☐ 6	**bookstore** [búkstɔ̀ːr] ブックストー (アクセント)	本屋	see him at the bookstore	本屋で彼に会う
☐ 7	**barber** [bάːrbər] バーバ (つづり)	床屋	go to the barber('s)	床屋へ行く
☐ 8	**market** [mάːrkit] マーケット	市場	a fish market	魚市場
☐ 9	**supermarket** [súːpərmὰːrkit] スーパマーケット (アクセント)	スーパーマーケット	open a supermarket	スーパーマーケットを開業する
☐ 10	**farm** [fάːrm] ファーム	農場	farm land	農地；農場の土地
☐ 11	**field** [fíːld] フィールド (つづり)	野原；畑	a potato field	ジャガイモ畑
☐ 12	**map** [mǽp] メァプ	地図	a world map	世界地図

A 日本語とヒントのアルファベットを見て、単語を口に出して言ってみましょう。

① 場所 ➡ p□□□□　② 橋 ➡ b□□□□□　③ オフィス；職場 ➡ o□□□□□
④ 店 ➡ s□□□　⑤ 店 ➡ s□□□□　⑥ 本屋 ➡ b□□□□□□□
⑦ 床屋 ➡ b□□□□□　⑧ 市場 ➡ m□□□□□　⑨ スーパーマーケット ➡ s□□□□□□□□□□
⑩ 農場 ➡ f□□□　⑪ 野原；畑 ➡ f□□□□　⑫ 地図 ➡ m□□

B 日本語を見て、空所に入る英単語を書きましょう。左ページで単語のつづりを確認したら、右の余白にもう2回、書いて練習しましょう。

① a beautiful _____
　[美しい場所]

② a _____ over the river
　[川にかかった橋] ☆つづりに注意。

③ work in the _____
　[オフィスで働く]

④ a camera _____
　[カメラ店] ☆この語は主にイギリスでよく使われます。

⑤ a food _____
　[食料品店] ☆この語は主にアメリカでよく使われます。

⑥ see him at the _____
　[本屋で彼に会う] ☆store や shop は「〜を売る店」という意味の名詞を作ります。

⑦ go to the _____
　[床屋へ行く] ☆この語は「理髪師」の意味。床屋さんの店は barber's shop ですが、shop はふつう省略します。

⑧ a fish _____
　[魚市場]

⑨ open a _____
　[スーパーマーケットを開業する] ☆日本語では「スーパー」と言いますが、super だけでは意味が通じません。

⑩ _____ land
　[農地；農場の土地]

⑪ a potato _____
　[ジャガイモ畑] ☆つづり字に注意。

⑫ a world _____
　[世界地図]

83

クイックレスポンステスト ③

英語 ☞ 日本語 英語を見て、その意味を日本語で言ってみましょう。

1	race	31	cake	61	zoo	91	knife
2	cookie	32	candy	62	singer	92	restaurant
3	hotel	33	doctor	63	way	93	rocket
4	pool	34	match	64	menu	94	gum
5	job	35	captain	65	hockey	95	dish
6	team	36	farm	66	castle	96	swimming
7	market	37	picnic	67	coach	97	ball
8	player	38	court	68	bike	98	bicycle
9	store	39	truck	69	bus	99	doughnut
10	cracker	40	chocolate	70	train	100	car
11	barber	41	railroad	71	basketball	101	pancake
12	station	42	place	72	subway	102	net
13	pianist	43	airport	73	street	103	hiking
14	ticket	44	policeman	74	pilot	104	golf
15	runner	45	jet	75	racket	105	map
16	volleyball	46	plate	76	fork	106	taxi
17	park	47	baseball	77	gas	107	sport
18	stadium	48	waiter	78	work	108	shop
19	soup	49	supermarket	79	hall	109	game
20	popcorn	50	dessert	80	spoon	110	rugby
21	hospital	51	airplane	81	office	111	bookstore
22	cycling	52	dancer	82	field	112	bat
23	pitcher	53	teamwork	83	bank	113	church
24	biscuit	54	fan	84	tower	114	score
25	football	55	building	85	bench	115	cream
26	road	56	camping	86	signal	116	plane
27	pingpong	57	police	87	training	117	boat
28	salad	58	nurse	88	soccer	118	waitress
29	farmer	59	ship	89	driver	119	traffic
30	pie	60	artist	90	bridge	120	tennis

レッスン21〜30をシャッフル

日本語を見て、それに相当する英単語を言ってみましょう。

日本語 ☞ 英語

1 レース；競走(r)	31 ケーキ(c)	61 動物園(z)	91 ナイフ(k)
2 クッキー(c)	32 キャンディー；お菓子(c)	62 歌手(s)	92 レストラン(r)
3 ホテル(h)	33 医者(d)	63 道；とちゅう(w)	93 ロケット(r)
4 プール(p)	34 試合(m)	64 メニュー(m)	94 ガム(g)
5 仕事；職業(j)	35 キャプテン；主将(c)	65 ホッケー(h)	95 皿；料理(d)
6 チーム(t)	36 農場(f)	66 城(c)	96 水泳(s)
7 市場(m)	37 ピクニック(p)	67 コーチ(c)	97 ボール(b)
8 選手(p)	38 コート(c)	68 自転車；バイク(b)	98 自転車(b)
9 店(st)	39 トラック(t)	69 バス(b)	99 ドーナツ(d)
10 クラッカー(c)	40 チョコレート(c)	70 電車(t)	100 車(c)
11 床屋(b)	41 鉄道(r)	71 バスケットボール(b)	101 ホットケーキ(p)
12 駅(s)	42 場所(p)	72 地下鉄(s)	102 ネット；網(n)
13 ピアニスト(p)	43 空港(a)	73 通り(s)	103 ハイキング(h)
14 キップ(t)	44 警官(p)	74 パイロット(p)	104 ゴルフ(g)
15 走者；ランナー(r)	45 ジェット(j)	75 ラケット(r)	105 地図(m)
16 バレーボール(v)	46 皿(p)	76 フォーク(f)	106 タクシー(t)
17 公園(p)	47 野球(b)	77 ガソリン(g)	107 スポーツ(s)
18 競技場；スタジアム(s)	48 ウェイター(w)	78 仕事(w)	108 店(sh)
19 スープ(s)	49 スーパーマーケット(s)	79 ホール；広間(h)	109 試合；ゲーム(g)
20 ポップコーン(p)	50 デザート(d)	80 スプーン(s)	110 ラグビー(r)
21 病院(h)	51 飛行機(a)	81 オフィス；職場(o)	111 本屋(b)
22 サイクリング(c)	52 ダンサー(d)	82 野原；畑(f)	112 バット(b)
23 投手；ピッチャー(p)	53 チームワーク(t)	83 銀行(b)	113 教会(c)
24 ビスケット(b)	54 ファン(f)	84 塔(t)	114 得点(s)
25 サッカー；フットボール(f)	55 建物；ビル(b)	85 ベンチ(b)	115 クリーム(c)
26 道路(r)	56 キャンプ(c)	86 信号機(s)	116 飛行機(p)
27 卓球(p)	57 警察(p)	87 トレーニング；訓練(t)	117 船；ボート(b)
28 サラダ(s)	58 看護師(n)	88 サッカー(s)	118 ウェイトレス(w)
29 農場主(f)	59 船(s)	89 運転手(d)	119 交通(t)
30 パイ(p)	60 芸術家；画家(a)	90 橋(b)	120 テニス(t)

※（　）は最初の1文字です。

まとめて覚える！ 6

疑問詞を使った疑問文

疑問文には、大きく分けて次の**2**種類があります。
(1) YesかNoかをたずねる疑問文
(2) 具体的な答えを求める疑問文

(2)のタイプの疑問文を作るには、文の最初にwhat（何）やwho（だれ）などのことばを置きます。これらを**疑問詞**と言います。主な疑問詞には次のようなものがあります。疑問詞の後ろは、原則として(1)のタイプの疑問文と同じ形です。

what　何

例　**What is that?** = **What's that?** （それは何ですか）
　　　be動詞　主語

　　— **It's a toy.** （それはおもちゃです）

☆what'sはwhat isを短くまとめた形で、「ワッツ」と読みます。thatは遠いところにあるものを指して使うことばで、相手が持っているものなどもthatで表せます。

例　**What are these [those] boxes?** （これら[それら]の箱は何ですか）
　　— **They're toys.** （これら[それら]はおもちゃです）

☆these（これら（の））はthis（これ；この）の複数形、those（それら（の）、あれら（の））はthat（それ[あれ]；その[あの]）の複数形です。答えるときはitの複数形であるtheyを使います。

例　**What do they make?** （彼らは何を作っていますか）
　　— **They make cars.** （彼らは車を作っています）

who　だれ

例　**Who is that man?** （あの男の人はだれですか）
　　— **He is my father.** （彼は私の父です）

例　**Who does Lisa love?** （リサはだれを愛していますか）
　　— **She loves John.** （彼女はジョンを愛しています）

which　どれ；どちら

例　**Which is your bag?** （どれ[どちら]があなたのバッグですか）
　　— **This is my bag.** （これが私のバッグです）

when いつ

例 **When** is your birthday?（あなたの誕生日はいつですか）
— My birthday is April 10.（私の誕生日は4月10日です）

where どこ

例 **Where** is Hiromi?（ヒロミはどこにいますか）
— She is in her room.（彼女は自分の部屋にいます）

why なぜ

例 **Why** do you like the teacher?（あなたはなぜその先生が好きなのですか）
— He is very kind.（彼はとても親切です）

☆答えの文は，Because he is very kind.（彼はとても親切だからです）とも言います。

how どんな(ふうに)

例 **How** are you?（ごきげんいかがですか）
— I'm fine, thank you.（元気です、ありがとう）

☆「ご家族はお元気ですか」はHow is [How's] your family? と言います。

重要単語いちらん

☐ this	[ðís] ディス	これ；この	☐ these	[ðíːz] ジーズ	これら(の)	
☐ that	[ðæt] ザット	それ；その；あれ；あの	☐ those	[ðóuz] ゾーズ	それら(の)；あれら(の)	
☐ what	[hwʌ́t] ワット	何	☐ who	[húː] フー	だれ	
☐ which	[hwítʃ] ウィッチ	どれ；どちら	☐ when	[hwén] ウェンヌ	いつ	
☐ where	[hwέər] ウェア	どこ	☐ why	[hwái] ワイ	なぜ	
☐ how	[háu] ハウ	どんな(ふうに)				

レッスン 31 場所 ③

まずは12の英単語について、つづりと発音を身につけましょう。文字を見ながらCDを聞き、後に続いて単語と熟語を言ってみましょう。

□	#	単語	意味	熟語	訳
□	1	**world** [wə́:rld] ワールド	世界	around the world	世界じゅうで[へ]
□	2	**country** [kʌ́ntri] カントリ つづり	国；いなか	poor countries	貧しい国々
□	3	**city** [síti] スィティ	市；都市	**city hall**	市役所
□	4	**town** [táun] タウンヌ	町	a small town	小さな町
□	5	**east** [í:st] イースト	東	**the Middle East**	中東
□	6	**west** [wést] ウェスト	西	from west to east	西から東へ
□	7	**north** [nɔ́:rθ] ノース	北	a north wind	北風
□	8	**south** [sáuθ] サウス	南	South America	南アメリカ
□	9	**top** [táp] タップ	頂上	the top of a mountain	山の頂上
□	10	**center** [séntər] センタ	中央；中心	the center of town	町の中心部
□	11	**middle** [mídl] ミドル	中央；中間	the middle of the night	真夜中
□	12	**corner** [kɔ́:rnər] コーナ	角；すみ	a corner of the room	部屋のすみ

A 日本語とヒントのアルファベットを見て、単語を口に出して言ってみましょう。

① 世界 ➡ w□□□□
② 国；いなか ➡ c□□□□□□
③ 市；都市 ➡ c□□□
④ 町 ➡ t□□□
⑤ 東 ➡ e□□□
⑥ 西 ➡ w□□□
⑦ 北 ➡ n□□□□
⑧ 南 ➡ s□□□□
⑨ 頂上 ➡ t□□
⑩ 中央；中心 ➡ c□□□□□
⑪ 中央；中間 ➡ m□□□□□
⑫ 角；すみ ➡ c□□□□□

B 日本語を見て、空所に入る英単語を書きましょう。左ページで単語のつづりを確認したら、右の余白にもう2回、書いて練習しましょう。

① around the _____
[世界じゅうで［へ］] ☆前に travel（旅行する）を置くと、「世界一周旅行をする」という意味になります。

② poor _____
[貧しい国々] ☆複数形のつづりに注意。

③ _____ hall
[市役所]

④ a small _____
[小さな町] ☆city より小さく、村(village)より大きな区域の意味で使います。

⑤ the Middle _____
[中東] ☆地名は単語の最初の文字を大文字にします。

⑥ from _____ to east
[西から東へ]

⑦ a _____ wind
[北風] ☆地図などではN（北）、S（南）、W（西）、E（東）と頭文字で表すこともあります。

⑧ _____ America
[南アメリカ]

⑨ the _____ of a mountain
[山の頂上] ☆「トップ；最上位」の意味でも使います。

⑩ the _____ of town
[町の中心部] ☆この語は「真ん中の場所」という意味。

⑪ the _____ of the night
[真夜中] ☆この語は場所にも使いますが、時間的に「真ん中」の意味でも使います。

⑫ a _____ of the room
[部屋のすみ]

レッスン 32 時間 ①

まずは12の英単語について、つづりと発音を身につけましょう。文字を見ながらCDを聞き、後に続いて単語と熟語を言ってみましょう。

CD 33

#	単語	意味	熟語	訳
☐ 1	**morning** [mɔ́ːrniŋ] モーニング	朝	in the morning	朝[午前中]に
☐ 2	**noon** [núːn] ヌーンヌ	正午	at noon	正午に
☐ 3	**afternoon** [æftərnúːn] エァフタヌーンヌ 〈アクセント〉	午後	in the afternoon	午後に
☐ 4	**evening** [íːvniŋ] イーヴニング	晩	in the evening	晩に
☐ 5	**night** [náit] ナイト	夜	at night	夜に
☐ 6	**midnight** [mídnàit] ミッドナイト 〈アクセント〉	深夜	at midnight	深夜に
☐ 7	**day** [déi] デイ	日	April has 30 days.	4月は30日あります。
☐ 8	**week** [wíːk] ウィーク	週	this week	今週
☐ 9	**weekday** [wíːkdèi] ウィークデイ 〈アクセント〉	平日	work on weekdays	平日に働く
☐ 10	**weekend** [wíːkènd] ウィーケンド 〈アクセント〉	週末	Have a good weekend.	よい週末を。
☐ 11	**month** [mʌ́nθ] マンス 〈発音〉	月	next month	来月
☐ 12	**year** [jíər] イア	年	Happy new year!	新年[明けまして]おめでとう！

A 日本語とヒントのアルファベットを見て、単語を口に出して言ってみましょう。

① 朝　➡ m□□□□□□　② 正午　➡ n□□□　③ 午後　➡ a□□□□□□□□
④ 晩　➡ e□□□□□□　⑤ 夜　➡ n□□□□　⑥ 深夜　➡ m□□□□□□□
⑦ 日　➡ d□□　⑧ 週　➡ w□□□　⑨ 平日　➡ w□□□□□□
⑩ 週末　➡ w□□□□□□　⑪ 月　➡ m□□□□　⑫ 年　➡ y□□□

B 日本語を見て、空所に入る英単語を書きましょう。左ページで単語のつづりを確認したら、右の余白にもう2回、書いて練習しましょう。

① **in the** ＿＿＿＿＿＿＿＿＿＿
　［朝［午前中］に］☆1日のうちの時間帯を表す名詞は、in や at と結びつけて使います。

② **at** ＿＿＿＿＿＿＿＿＿＿
　［正午に］

③ **in the** ＿＿＿＿＿＿＿＿＿＿
　［午後に］☆after（～の後）＋noon（正午）です。

④ **in the** ＿＿＿＿＿＿＿＿＿＿
　［晩に］☆日が暮れてから寝るまでの時間帯です。

⑤ **at** ＿＿＿＿＿＿＿＿＿＿
　［夜に］☆日が暮れてから次の日の夜明けまでの時間帯です。

⑥ **at** ＿＿＿＿＿＿＿＿＿＿
　［深夜に］☆もともとは「午前0時」の意味です。

⑦ **April has 30** ＿＿＿＿＿＿＿＿＿＿ **.**
　［4月は30日あります。］

⑧ **this** ＿＿＿＿＿＿＿＿＿＿
　［今週］☆weak（弱い）と同じ発音。

⑨ **work on** ＿＿＿＿＿＿＿＿＿＿
　［平日に働く］☆月曜日から金曜日までのこと。

⑩ **Have a good** ＿＿＿＿＿＿＿＿＿＿ **.**
　［よい週末を。］☆土曜日と日曜日のこと。

⑪ **next** ＿＿＿＿＿＿＿＿＿＿
　［来月］☆発音に注意。また、mouth（口）と混同しないように。

⑫ **Happy new** ＿＿＿＿＿＿＿＿＿＿ **!**
　［新年［明けまして］おめでとう！］

レッスン 33 時間 ②

まずは12の英単語について、つづりと発音を身につけましょう。文字を見ながらCDを聞き、後に続いて単語と熟語を言ってみましょう。

□	#	単語	意味	例	訳
□	1	**time** [táim] タイム	時間	Time is money.	時は金なり。
□	2	**season** [síːzn] スィーズンヌ	季節	four seasons	四季
□	3	**spring** [spríŋ] スプリング	春	a spring festival	春祭り
□	4	**summer** [sʌ́mər] サマ	夏	on a summer night	夏の夜に
□	5	**fall** [fɔ́ːl] フォール	秋	a warm fall	暖かい秋
□	6	**autumn** 発音 つづり [ɔ́ːtəm] オータム	秋	the autumn sky	秋の空
□	7	**winter** [wíntər] ウィンタ	冬	a cold winter	寒い冬
□	8	**Christmas** アクセント つづり [krísməs] クリスマス	クリスマス	on Christmas Day	クリスマスの日に
□	9	**calendar** アクセント [kǽləndər] キャレンダ	カレンダー	a calendar on the wall	壁にかかったカレンダー
□	10	**holiday** [hάlədèi] ハリデイ	祝日；休日	enjoy a holiday	休日を楽しむ
□	11	**vacation** 発音 [veikéiʃən] ヴェイケイシャンヌ	休暇；休日	a winter vacation	冬休み
□	12	**birthday** [bə́ːrθdèi] バースデイ	誕生日	Happy birthday!	誕生日おめでとう！

A 日本語とヒントのアルファベットを見て、単語を口に出して言ってみましょう。

① 時間 ➡ t□□□
② 季節 ➡ s□□□□□
③ 春 ➡ s□□□□□
④ 夏 ➡ s□□□□□
⑤ 秋 ➡ f□□□
⑥ 秋 ➡ a□□□□□
⑦ 冬 ➡ w□□□□□
⑧ クリスマス ➡ C□□□□□□□□
⑨ カレンダー ➡ c□□□□□□□
⑩ 祝日；休日 ➡ h□□□□□□
⑪ 休暇；休日 ➡ v□□□□□□□
⑫ 誕生日 ➡ b□□□□□□□

B 日本語を見て、空所に入る英単語を書きましょう。左ページで単語のつづりを確認したら、右の余白にもう2回、書いて練習しましょう。

① _____ is money.
[時は金なり。]

② four _____
[四季] ☆「梅雨（つゆ）」は the rainy season（雨の降る季節）と言います。

③ a _____ festival
[春祭り]

④ on a _____ night
[夏の夜に]

⑤ a warm _____
[暖かい秋] ☆動詞では「落ちる」の意味。秋は木の葉が落ちる季節です。

⑥ the _____ sky
[秋の空] ☆「秋」はアメリカでは上の語、イギリスではこの語を使います。

⑦ a cold _____
[寒い冬]

⑧ on _____ Day
[クリスマスの日に] ☆つづりに注意。t は発音しません。

⑨ a _____ on the wall
[壁にかかったカレンダー] ☆アクセントの位置に注意。「レ」を強く読まないように。

⑩ enjoy a _____
[休日を楽しむ] ☆この語はもともと「祝日」の意味。イギリスでは「休み；休暇」の意味でも使います。

⑪ the winter _____
[冬休み] ☆この語は比較的長い休暇の意味で使います。

⑫ Happy _____ !
[誕生日おめでとう！] ☆birth は「誕生」です。

93

まとめて覚える！7

動詞の現在形と過去形

たとえば「この本はおもしろい」は現在のことを、「この本はおもしろかった」は過去のことを語っています。それぞれの意味は、次のように表すことができます。

(1) This book **is** interesting.（この本はおもしろい）

(2) This book **was** interesting.（この本はおもしろかった）

(1) のis（〜です）のように現在のことを表す動詞の形を、**現在形**と言います。一方(2)のwasはbe動詞の**過去形**の1つで、「〜でした」という過去のことを表します。

be動詞の過去形

be動詞の現在形と過去形との間には、次の関係があります。

現在形	過去形
am / is	was
are	were

例 I **am** a hungry.（私は空腹です） → I **was** hungry.（私は空腹でした）
　　現在形　　　　　　　　　　　　　　　　　過去形

例 They **are** rich.（彼らは金持ちです） → They **were** rich.（彼らは金持ちでした）
　　現在形　　　　　　　　　　　　　　　　　過去形

過去形を使った否定文や疑問文は、現在形の場合と同じようにして作ります。

例 This book **was** interesting.（この本はおもしろかった）
　　→ This book **wasn't** interesting.（この本はおもしろくなかった）

☆be動詞の否定文は、be動詞の後ろにnotを加えて作ります。was notの短縮形はwasn't、were notの短縮形はweren'tです。

　　→ **Was this book** interesting?（この本はおもしろかったですか）
　　　　be動詞　主語

☆be動詞の疑問文は、be動詞と主語を入れかえて作ります。

一般動詞の過去形

一般動詞は、過去形の作り方に応じて次の2つのタイプに分けられます。

種類	過去形の作り方	例
規則動詞	原形の後ろに **-(e)d** をつける	walk (歩く) → walked (歩いた) love (愛する) → loved (愛した)
不規則動詞	それぞれ違う形の 過去形を持つ	speak (話す) → spoke (話した) make (作る) → made (作った)

例 **I love her.** (私は彼女を愛しています) 《現在形》
　　I loved her. (私は彼女を愛していました) 《過去形》

☆eで終わる規則動詞は、-dだけをつけて過去形を作ります。-(e)dの読み方には次の3通りがあります。動詞ごとに覚えましょう。
　【例】 -(e)dを[d]ドと読むもの　：played (遊んだ)、loved (愛した)
　　　　-(e)dを[t]トと読むもの　：helped (助けた)、liked (好んだ)
　　　　-edを[id]イドと読むもの：wanted (望んだ)、ended (終わった) 《-ted, -dedで終わる語》

例 **She speaks English.** (彼女は英語を話します) 《現在形》
　　She spoke English. (彼女は英語を話しました) 《過去形》

☆現在形(speaks)の最後に加えてあるsは、過去形にはつけません。

一般動詞の過去形を使って否定文や疑問文を作るときは、doの過去形であるdidを使います。

例 **I didn't love her.** (私は彼女を愛していませんでした)

☆否定文は〈didn't+動詞の原形〉の形にします。didn'tはdid+notの短縮形です。現在形では主語に応じてdon'tとdoesn'tを使い分けますが、過去形はどんな主語に対してもdidn'tを使います。

例 **Did she speak English?** (彼女を英語を話しましたか)
　　— **Yes, she did.** (はい、話しました) / **No, she didn't.** (いいえ、話しませんでした)

☆疑問文は〈Did+主語+動詞の原形〉の形で作り、答えるときもdidを使います。

重要単語いちらん

- □ was　　[wʌ́z]ワズ　　be動詞の過去形
- □ were　　[wə́ːr]ワー　　be動詞の過去形
- □ didn't　[dídnt]ディドント　一般動詞(過去形)の否定文を作るための記号
- □ did　　[díd]ディッド　　一般動詞(過去形)の疑問文を作るための記号

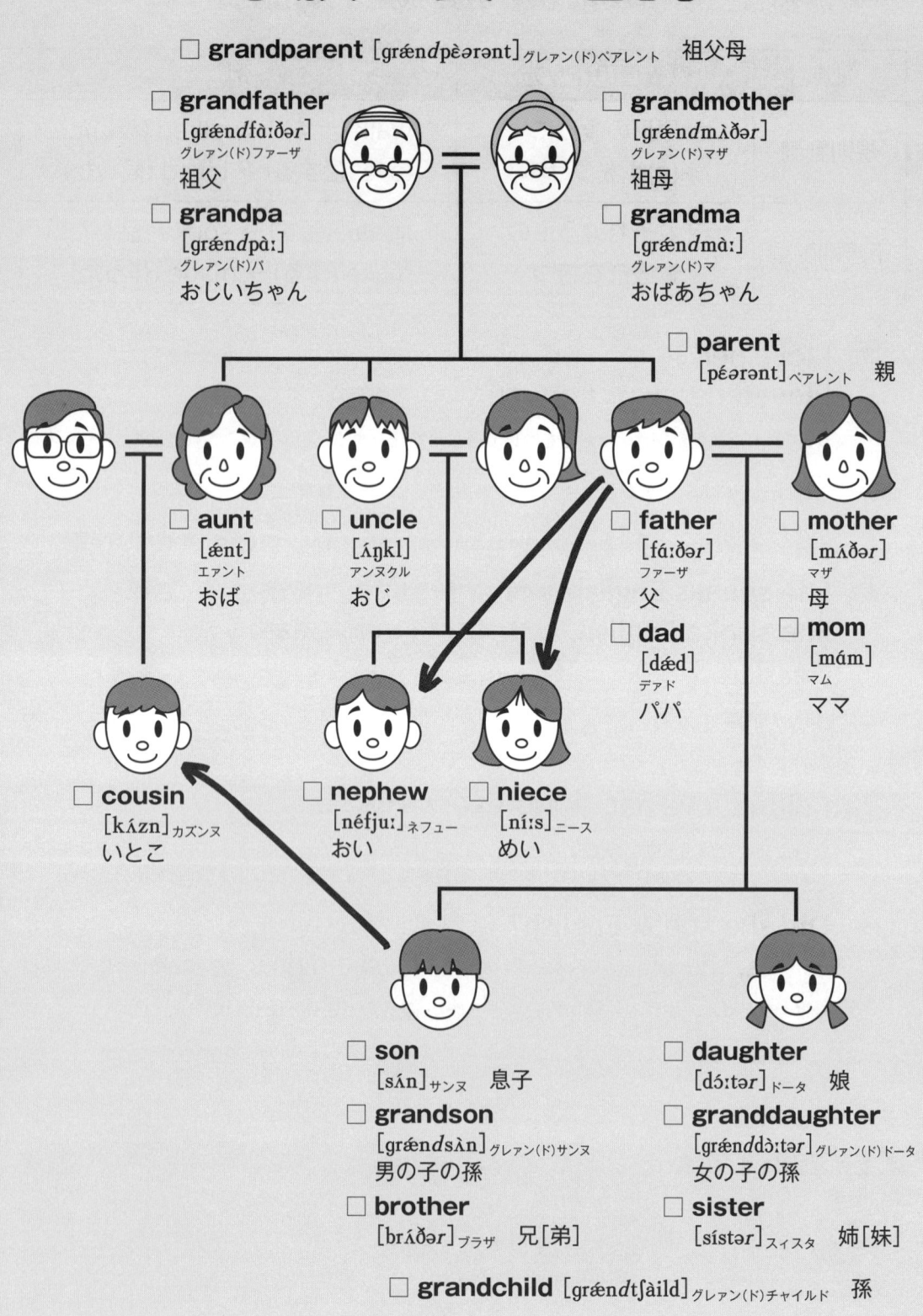

まとめて覚える！8 家族を表す名詞

- **grandparent** [grǽndpèərənt] グレァン(ド)ペアレント　祖父母
- **grandfather** [grǽndfɑ̀:ðər] グレァン(ド)ファーザ　祖父
- **grandmother** [grǽndmʌ̀ðər] グレァン(ド)マザ　祖母
- **grandpa** [grǽndpɑ̀:] グレァン(ド)パ　おじいちゃん
- **grandma** [grǽndmɑ̀:] グレァン(ド)マ　おばあちゃん
- **parent** [pέərənt] ペアレント　親
- **aunt** [ǽnt] エァント　おば
- **uncle** [ʌ́ŋkl] アンヌクル　おじ
- **father** [fɑ́:ðər] ファーザ　父
- **mother** [mʌ́ðər] マザ　母
- **dad** [dǽd] デァド　パパ
- **mom** [mɑ́m] マム　ママ
- **cousin** [kʌ́zn] カズンヌ　いとこ
- **nephew** [néfju:] ネフュー　おい
- **niece** [ní:s] ニース　めい
- **son** [sʌ́n] サンヌ　息子
- **daughter** [dɔ́:tər] ドータ　娘
- **grandson** [grǽndsʌ̀n] グレァン(ド)サンヌ　男の子の孫
- **granddaughter** [grǽnddɔ̀:tər] グレァン(ド)ドータ　女の子の孫
- **brother** [brʌ́ðər] ブラザ　兄[弟]
- **sister** [sístər] スィスタ　姉[妹]
- **grandchild** [grǽndtʃàild] グレァン(ド)チャイルド　孫

動詞編

事物の動作や存在、状態を表すことば、動詞を身につけましょう。
レッスンは全部で7、合計84語の重要な動詞を習得できます。

レッスン 34 動詞 ① (規則動詞)

まずは12の英単語について、つづりと発音を身につけましょう。文字を見ながらCDを聞き、後に続いて単語と熟語を言ってみましょう。

	単語	意味	熟語	訳
☐ 1	**answer** [ǽnsər] エァンサ	答える	answer a question	質問に答える
☐ 2	**ask** [ǽsk] エァスク	たずねる；頼む	ask a question	質問する
☐ 3	**call** [kɔ́ːl] コール	呼ぶ；電話をかける	call a taxi	タクシーを呼ぶ
☐ 4	**carry** [kǽri] キャリ	運ぶ	carry a heavy bag	重いバッグを運ぶ ※過去形は carried
☐ 5	**change** 発音 [tʃéindʒ] チェインヂ	変わる；変える	change trains	電車を乗りかえる
☐ 6	**clean** [klíːn] クリーンヌ	きれいにする	Clean your room.	部屋をきれいに(そうじ)しなさい。
☐ 7	**close** 発音 [klóuz] クロウズ	閉じる	Close your textbook.	教科書を閉じなさい。
☐ 8	**collect** [kəlékt] カレクト	集める	collect baseball cards	野球カードを集める
☐ 9	**cook** 発音 [kúk] クック	料理する	cook meat	肉を料理する
☐ 10	**cover** [kʌ́vər] カヴァ	おおう	Snow covers the ground.	雪が地面をおおっている。
☐ 11	**cry** [krái] クライ	泣く	Don't cry.	泣いてはいけません。 ※過去形は cried
☐ 12	**dance** [dǽns] デァンス	踊る	dance to the music	音楽に合わせて踊る

| 学習日 | 月 日 | 月 日 | 月 日 |

A 日本語とヒントのアルファベットを見て、単語を口に出して言ってみましょう。

① 答える ➡ a□□□□□ ② たずねる；頼む ➡ a□□ ③ 呼ぶ；電話をかける ➡ c□□□
④ 運ぶ ➡ c□□□□ ⑤ 変わる；変える ➡ c□□□□□ ⑥ きれいにする ➡ c□□□□
⑦ 閉じる ➡ c□□□□ ⑧ 集める ➡ c□□□□□□ ⑨ 料理する ➡ c□□□
⑩ おおう ➡ c□□□□ ⑪ 泣く ➡ c□□ ⑫ 踊る ➡ d□□□□

B 日本語に合う英文を完成させましょう。147ページで単語のつづりを確認したら、右の余白にもう2回、書いて練習しましょう。

① _____ my question.
[私の質問に答えなさい。]

② _____ me a question.
[私に1つ質問しなさい。]

③ Please _____ a taxi.
[タクシーを呼んでください。] ☆call him は「彼を呼ぶ」または「彼に電話をかける」の意味。

④ I _____ a heavy bag.
[私は重いバッグを運びました。] ☆過去形のつづりに注意。

⑤ _____ trains at Shibuya Station.
[渋谷駅で電車を乗りかえなさい。] ☆乗りかえるには2つの電車を使うので、train を複数形の trains にします。

⑥ I _____ my room every Sunday.
[私は毎週日曜日に部屋をきれいにします。]

⑦ I _____ the door.
[私はドアを閉めました。] ☆発音に注意。s は [z]（ズ）と発音します。

⑧ _____ the test papers.
[テストの問題用紙を集めなさい。]

⑨ He _____ dinner on Sundays.
[彼は日曜日にディナーを料理します。] ☆主語が3人称単数である点に注意。発音は「コック」ではありません。

⑩ Dust _____ the desk.
[ほこりがつくえをおおっていました。]

⑪ The girl _____ .
[その女の子は泣きました。] ☆過去形のつづりに注意。

⑫ We _____ at the party.
[私たちはパーティーで踊りました。] ☆名詞のときは「踊り」「ダンス」の意味。

レッスン35 動詞②（規則動詞）

まずは12の英単語について、つづりと発音を身につけましょう。文字を見ながらCDを聞き、後に続いて単語と熟語を言ってみましょう。

☐ 1	**die** [dái] ダイ	死ぬ	My grandfather died last year.	祖父は去年亡くなりました。
☐ 2	**drop** [dráp] ドゥラップ	落ちる；落とす	drop a handkerchief	ハンカチを落とす ※過去形は dropped
☐ 3	**end** [énd] エンド	終わる	The summer vacation ended.	夏休みが終わった。
☐ 4	**enjoy** [indʒɔ́i] エンヂョイ	楽しむ	enjoy a concert	コンサートを楽しむ
☐ 5	**finish** [fíniʃ] フィニッシュ	終える	I finished my homework.	宿題が終わった。
☐ 6	**follow** [fálou] ファロウ	従う；ついて行く	follow the policeman	警官のあとについて行く
☐ 7	**help** [hélp] ヘルプ	助ける；手伝う	**help** her **with** her work	彼女の仕事を手伝う
☐ 8	**hope** [hóup] ホウプ	望む；願う	**hope for** his return	彼の帰りを望む
☐ 9	**hurry** [hə́ːri] ハーリ	急ぐ	Hurry up.	急ぎなさい。 ※過去形は hurried
☐ 10	**jog** [dʒág] ヂャグ	ジョギングする	I jog every day.	私は毎日ジョギングします。 ※過去形は jogged
☐ 11	**join** [dʒɔ́in] ヂョインヌ	加わる；入る	join the volleyball club	バレーボール部に入る
☐ 12	**jump** [dʒʌ́mp] ヂャムプ	ジャンプする；とぶ	**jump into** the river	川にとびこむ

A 日本語とヒントのアルファベットを見て、単語を口に出して言ってみましょう。

① 死ぬ ➡ d□□
② 落ちる；落とす ➡ d□□□
③ 終わる ➡ e□□
④ 楽しむ ➡ e□□□□
⑤ 終える ➡ f□□□□□
⑥ 従う；ついて行く ➡ f□□□□□
⑦ 助ける；手伝う ➡ h□□□
⑧ 望む；願う ➡ h□□□
⑨ 急ぐ ➡ h□□□□
⑩ ジョギングする ➡ j□□
⑪ 加わる；入る ➡ j□□□
⑫ ジャンプする；とぶ ➡ j□□□

B 日本語に合う英文を完成させましょう。147ページで単語のつづりを確認したら、右の余白にもう2回、書いて練習しましょう。

① His aunt _____ last week.
［彼のおばさんは先週亡くなりました。］

② I _____ my purse on the train.
［私は電車でさいふを落としました。］☆過去形のつづりに注意。

③ The festival _____ at eight.
［お祭りは8時に終わりました。］

④ _____ the meal.
［食事を楽しんでね。］

⑤ They _____ their work.
［彼らは仕事を終えました。］

⑥ _____ me.
［私についてきなさい。］

⑦ She _____ me with my cooking.
［彼女は私の料理を手伝ってくれます。］☆主語が3人称単数である点に注意。help 人 with 仕事など＝（人）の（仕事など）を手伝う

⑧ I _____ for your success.
［私はあなたの成功を願っています。］☆hope for ～＝～を望む

⑨ We _____ to the station.
［私たちは駅へ急ぎました。］☆過去形のつづりに注意。hurry up＝急ぐ

⑩ I _____ in this park.
［私はこの公園でジョギングします。］☆「ジョギング」は jogging。

⑪ I _____ the soccer club.
［私はサッカー部に入りました。］

⑫ They _____ into the pool.
［彼らはプールにとびこみました。］☆jump into ～＝～にとびこむ

レッスン 36 動詞 ③（規則動詞）

まずは12の英単語について、つづりと発音を身につけましょう。文字を見ながらCDを聞き、後に続いて単語と熟語を言ってみましょう。

	単語	意味	例	訳
☐ 1	**kick** [kík] キック	ける	kick a soccer ball	サッカーボールをける
☐ 2	**kiss** [kís] キス	キスする	**kiss** her **on the cheek**	彼女のほおにキスする
☐ 3	**laugh** 発音 つづり [lǽf] レァフ	笑う	**laugh at** a joke	ジョークを聞いて笑う
☐ 4	**learn** [lə́ːrn] ラーンヌ	学ぶ；習う	learn English at school	学校で英語を学ぶ
☐ 5	**like** [láik] ライク	好む	I like sports.	私はスポーツが好きです。
☐ 6	**listen** 発音 [lísn] リスンヌ	聞く	**listen to** music	音楽を聞く
☐ 7	**live** [lív] リヴ	住む	live in the country	いなかに住む
☐ 8	**look** [lúk] ルック	見る	**Look at** that star.	あの星を見なさい。
☐ 9	**love** [lʌ́v] ラヴ	愛する	I love cars.	私は車が大好きです。
☐ 10	**open** [óupən] オウプンヌ	開く；開ける	Open the door.	ドアを開けなさい。
☐ 11	**plan** [plǽn] プレァンヌ	計画する	plan a small party	小さなパーティーを計画する ※過去形は planned
☐ 12	**play** [pléi] プレイ	遊ぶ；(スポーツなどを)する	play in the field	野原で遊ぶ ※過去形は played

| 学習日 | 月 日 | 月 日 | 月 日 |

A 日本語とヒントのアルファベットを見て、単語を口に出して言ってみましょう。

① ける ➡ k□□□　② キスする ➡ k□□□　③ 笑う ➡ l□□□□
④ 学ぶ；習う ➡ l□□□□　⑤ 好む ➡ l□□□　⑥ 聞く ➡ l□□□□□
⑦ 住む ➡ l□□□　⑧ 見る ➡ l□□□　⑨ 愛する ➡ l□□□
⑩ 開く；開ける ➡ o□□□　⑪ 計画する ➡ p□□□　⑫ 遊ぶ；〈スポーツなどを〉する ➡ p□□□

B 日本語に合う英文を完成させましょう。147ページで単語のつづりを確認したら、右の余白にもう2回、書いて練習しましょう。

① _____ this ball.
　［このボールをけりなさい。］

② He _____ me on the cheek.
　［彼は私のほおにキスしました。］

③ We _____ at his story.
　［私たちは彼の話を聞いて笑いました。］☆発音に注意。gh は発音しません。

④ We _____ English every day.
　［私たちは毎日英語を学んでいます。］

⑤ My brother _____ music.
　［兄は音楽が好きです。］☆主語が3人称単数である点に注意。

⑥ _____ to me.
　［私の言うことを聞きなさい。］☆listen to ～＝～を聞く、～に耳を傾ける

⑦ My uncle _____ in Nagoya.
　［私のおじは名古屋に住んでいます。］☆主語が3人称単数である点に注意。

⑧ _____ at this photo.
　［この写真を見なさい。］☆look at ～＝～を見る、～に目を向ける

⑨ She _____ art.
　［彼女は芸術が大好きです。］☆主語が3人称単数である点に注意。

⑩ I _____ the case.
　［私はその箱を開けました。］

⑪ We _____ a party.
　［私たちはパーティーを計画しました。］☆過去形のつづりに注意。

⑫ I _____ tennis with a friend.
　［私は友だちとテニスをしました。］

レッスン37 動詞 ④ (規則動詞)

CD 38

まずは12の英単語について、つづりと発音を身につけましょう。文字を見ながらCDを聞き、後に続いて単語と熟語を言ってみましょう。

☐ 1	**pull** [púl] プル	引く	pull a rope	ロープを引く
☐ 2	**push** [púʃ] プッシュ	押す	push a button	ボタンを押す
☐ 3	**rain** [réin] ゥレインヌ	雨が降る	It rained yesterday.	きのう雨が降った。
☐ 4	**return** [ritə́ːrn] ゥリターンヌ	帰る；返す	return home	家へ帰る
☐ 5	**skate** [skéit] スケイト	スケートをする	skate on ice	氷の上でスケートをする
☐ 6	**ski** [skíː] スキー	スキーをする	ski on water	水上スキーをする
☐ 7	**smile** [smáil] スマイル	ほほえむ	She **smiled at** me.	彼女は私にほほえんだ。
☐ 8	**snow** [snóu] スノウ	雪が降る	It snows in winter.	冬は雪が降る。
☐ 9	**start** [stáːrt] スタート	出発する；始める	start a car	車をスタートさせる
☐ 10	**stay** [stéi] ステイ	滞在する；とどまる	**stay (at) home**	家に(とどまって)いる ※過去形は stayed
☐ 11	**stop** [stáp] スタップ	止まる；止める	The rain stopped.	雨がやんだ。 ※過去形はpを重ねます。
☐ 12	**study** [stʌ́di] スタディ	勉強する	study English hard	熱心に英語を勉強する ※過去形は studied、三単現は studies

A 日本語とヒントのアルファベットを見て、単語を口に出して言ってみましょう。

① 引く　➡ p□□□
② 押す　➡ p□□□
③ 雨が降る　➡ r□□□
④ 帰る；返す　➡ r□□□□□
⑤ スケートをする　➡ s□□□□
⑥ スキーをする　➡ s□□
⑦ ほほえむ　➡ s□□□□
⑧ 雪が降る　➡ s□□□
⑨ 出発する；始める　➡ s□□□□
⑩ 滞在する；とどまる　➡ s□□□
⑪ 止まる；止める　➡ s□□□
⑫ 勉強する　➡ s□□□□

B 日本語に合う英文を完成させましょう。148ページで単語のつづりを確認したら、右の余白にもう2回、書いて練習しましょう。

① _____ this rope.
［このロープを引きなさい。］

② _____ this button.
［このボタンを押しなさい。］

③ It _____ last Sunday.
［先週の日曜日に雨が降りました。］☆名詞の場合は「雨」の意味。

④ He _____ to his country.
［彼は自分の国へ帰りました。］☆「本を返す」は return a book と言います。

⑤ We _____ on the ice.
［私たちは氷の上でスケートをしました。］

⑥ We _____ in winter.
［私たちは冬にはスキーをします。］

⑦ The woman _____ .
［その女性はほほえみました。］☆smile at ～＝～に向かってほほえむ

⑧ It _____ last night.
［ゆうべ雪が降りました。］☆名詞の場合は「雪」の意味。

⑨ We _____ at eight in the morning.
［私たちは午前8時に出発しました。］

⑩ I _____ home today.
［私は今日は家にいました。］☆stay at a hotel は「ホテルに泊まる」の意味。

⑪ The train _____ .
［電車は止まりました。］☆過去形のつづりに注意。

⑫ He _____ hard.
［彼は熱心に勉強します。］☆主語が3人称単数である点に注意。

レッスン38 動詞 ⑤（規則動詞）

まずは12の英単語について、つづりと発音を身につけましょう。文字を見ながらCDを聞き、後に続いて単語と熟語を言ってみましょう。

CD 39

☐ 1	**talk** つづり [tɔ́ːk] トーク	話す	**talk with** the teacher	その先生と話す
☐ 2	**travel** [trǽvəl] トゥレアヴェル	旅行する	**travel to** America	アメリカへ旅行する
☐ 3	**try** [trái] トゥライ	試す	try an English lesson	英語のレッスンを受けてみる ※過去形は tried
☐ 4	**turn** [tə́ːrn] ターンヌ	向く；向ける	turn a page	ページをめくる
☐ 5	**use** [júːz] ユーズ	使う	use a telephone	電話を使う
☐ 6	**visit** [vízit] ヴィズィット	訪問する	I visited my aunt.	おばを訪ねた。
☐ 7	**wait** つづり [wéit] ウェイト	待つ	**wait for** a holiday	休日を待つ
☐ 8	**walk** つづり [wɔ́ːk] ウォーク	歩く	**walk to school**	歩いて学校へ行く
☐ 9	**want** [wánt] ワント	ほしいと思う	I want money.	お金がほしい。
☐ 10	**wash** [wáʃ] ワッシュ	洗う	Wash your face.	顔を洗いなさい。
☐ 11	**watch** [wátʃ] ワッチ	見る	watch a movie	映画を見る
☐ 12	**work** [wə́ːrk] ワーク	働く	**work at** a bookstore	本屋で働く

A 日本語とヒントのアルファベットを見て、単語を口に出して言ってみましょう。

① 話す ➡ t□□□
② 旅行する ➡ t□□□□□
③ 試す ➡ t□□
④ 向く；向ける ➡ t□□□
⑤ 使う ➡ u□□
⑥ 訪問する ➡ v□□□□
⑦ 待つ ➡ w□□□
⑧ 歩く ➡ w□□□
⑨ ほしいと思う ➡ w□□□
⑩ 洗う ➡ w□□□
⑪ 見る ➡ w□□□□
⑫ 働く ➡ w□□□

B 日本語に合う英文を完成させましょう。148ページで単語のつづりを確認したら、右の余白にもう2回、書いて練習しましょう。

① I _____ with her in English.
[私は彼女と英語で話しました。] ☆talk with [to] ～＝～と話す

② We _____ to Canada.
[私たちはカナダへ旅行しました。] ☆travel to ～＝～へ旅行する

③ _____ this shampoo.
[このシャンプーを試してみなさい。]

④ _____ right.
[右を向きなさい。] ☆turn the channel（チャンネルを回す［変える］）のような使い方もできます。

⑤ My sister _____ this car.
[姉はこの車を使います。] ☆主語が3人称単数である点に注意。

⑥ We _____ the museum.
[私たちはその博物館を訪ねました。]

⑦ _____ for his answer.
[彼の返事を待ちなさい。] ☆wait for ～＝～を待つ

⑧ He _____ to school.
[彼は歩いて学校へ行きます。] ☆主語が3人称単数である点に注意。

⑨ I _____ a brother.
[私は弟がほしいです。]

⑩ I _____ the dishes.
[私はお皿を洗いました。]

⑪ We _____ the DVD.
[私たちはそのDVDを見ました。]

⑫ She _____ at a supermarket.
[彼女はスーパーマーケットで働いています。] ☆主語が3人称単数である点に注意。

レッスン 39 動詞 ⑥（不規則動詞）

CD 40

まずは12の英単語について、つづりと発音を身につけましょう。文字を見ながらCDを聞き、後に続いて単語と熟語を言ってみましょう。

□	単語	意味	例	訳・過去形
□ 1	**begin** [bigín] ビギンヌ	始まる；始める	begin at page 20	20ページから始める ※過去形は began [bigæn] ビギャンヌ
□ 2	**buy** 発音 [bái] バイ	買う	buy a new camera	新しいカメラを買う ※過去形は bought [bɔ́ːt] ボート
□ 3	**catch** 発音 つづり [kǽtʃ] キャッチ	つかまえる	catch a bird	鳥をつかまえる ※過去形は caught [kɔ́ːt] コート
□ 4	**come** [kʌ́m] カム	来る	Come here.	ここへ来なさい。※過去形は came [kéim] ケイム
□ 5	**cut** 発音 [kʌ́t] カット	切る	cut a cake	ケーキを切る ※過去形も cut
□ 6	**do** [dúː] ドゥー	する	**do sports**	スポーツをする ※過去形は did [díd] ディッド
□ 7	**drink** [dríŋk] ドゥリンク	飲む	drink beer	ビールを飲む ※過去形は drank [drǽŋk] ドゥランク
□ 8	**eat** 発音 [íːt] イート	食べる	eat bread	パンを食べる ※過去形は ate [éit] エイト
□ 9	**fly** 発音 [flái] フライ	飛ぶ	fly high	高く飛ぶ ※過去形は flew [flúː] フルー
□ 10	**get** [gét] ゲット	手に入れる	get a chance	機会を手に入れる ※過去形は got [gát] ガット
□ 11	**go** [góu] ゴウ	行く	**go to work**	仕事に行く ※過去形は went [wént] ウェント
□ 12	**have** [hǽv] ヘアヴ	持っている	have two brothers	2人の兄弟がいる ※過去形は had [hǽd] ヘァド

| 学習日 | 月 日 | 月 日 | 月 日 |

A 日本語とヒントのアルファベットを見て、単語を口に出して言ってみましょう。

① 始まる；始める ➡ b□□□□   ② 買う ➡ b□□   ③ つかまえる ➡ c□□□□
④ 来る ➡ c□□□   ⑤ 切る ➡ c□□   ⑥ する ➡ d□
⑦ 飲む ➡ d□□□□   ⑧ 食べる ➡ e□□   ⑨ 飛ぶ ➡ f□□
⑩ 手に入れる ➡ g□□   ⑪ 行く ➡ g□   ⑫ 持っている ➡ h□□□

B 日本語に合う英文を完成させましょう。148ページで単語のつづりを確認したら、右の余白にもう2回、書いて練習しましょう。

① The test _____ at nine.
　［テストは9時に始まりました。］

② I _____ a new camera.
　［私は新しいカメラを買いました。］☆過去形のつづりと発音に注意。

③ He _____ a rabbit.
　［彼はウサギをつかまえました。］☆過去形のつづりと発音に注意。

④ He _____ to my house.
　［彼は私の家へ来ました。］

⑤ I _____ my finger.
　［私は指を切りました。］☆原形と過去形が同じ形です。

⑥ I _____ my homework.
　［私は宿題をしました。］☆Do you ～ ?（あなたは～しますか）などの do は単なる記号であり、動詞の do（する）とはちがいます。

⑦ They _____ wine and beer.
　［彼らはワインとビールを飲みました。］

⑧ I _____ pasta for lunch.
　［私は昼食にパスタを食べました。］☆過去形のつづりに注意。

⑨ The bird _____ high.
　［その鳥は高く飛びました。］☆過去形のつづりと発音に注意。

⑩ I _____ a concert ticket.
　［私はコンサートのキップを手に入れました。］

⑪ We _____ to the movies.
　［私たちは映画に行きました。］☆主語が3人称単数のとき、現在形は goes とつづります。

⑫ She _____ long hair.
　［彼女は長い髪を持っていました。］

レッスン 40 動詞 ⑦（不規則動詞）

CD 41

まずは12の英単語について、つづりと発音を身につけましょう。文字を見ながらCDを聞き、後に続いて単語と熟語を言ってみましょう。

□	#	単語	意味	熟語	訳・過去形
□	1	**hear** 発音 つづり [híər] ヒア	聞く；聞こえる	hear a song	歌を聞く ※過去形は heard [hə́ːrd] ハード
□	2	**make** [méik] メイク	作る	make friends with him	彼と友だちになる ※過去形は made [méid] メイド
□	3	**meet** [míːt] ミート	会う	Nice to meet you.	はじめまして。 ※過去形は met [mét] メット
□	4	**read** 発音 [ríːd] ゥリード	読む	read a story	物語を読む ※過去形は read [réd] ゥレッド
□	5	**run** 発音 [rʌ́n] ゥランヌ	走る	run to the station	駅へ走って行く ※過去形は ran [rǽn] ゥレアンヌ
□	6	**see** 発音 [síː] スィー	見る；見える；会う	see a big ship	大きな船が見える ※過去形は saw [sɔ́ː] ソー
□	7	**sell** [sél] セル	売る	sell old CDs	古いCDを売る ※過去形は sold [sóuld] ソウルド
□	8	**sing** [síŋ] スィング	歌う	sing karaoke	カラオケを歌う ※過去形は sang [sǽŋ] セアング
□	9	**speak** [spíːk] スピーク	話す	speak Japanese	日本語を話す ※過去形は spoke [spóuk] スポウク
□	10	**swim** [swím] スウィム	泳ぐ	swim in the lake	湖で泳ぐ ※過去形は swam [swǽm] スウェアム
□	11	**teach** 発音 つづり [tíːtʃ] ティーチ	教える	teach cooking	料理を教える ※過去形は taught [tɔ́ːt] トート
□	12	**write** [ráit] ライト	書く	write a short story	短い物語を書く ※過去形は wrote [róut] ロウト

A 日本語とヒントのアルファベットを見て、単語を口に出して言ってみましょう。

① 聞く；聞こえる ➡ h□□□　② 作る ➡ m□□□　③ 会う ➡ m□□□
④ 読む ➡ r□□□　⑤ 走る ➡ r□□　⑥ 見る；見える；会う ➡ s□□
⑦ 売る ➡ s□□□　⑧ 歌う ➡ s□□□　⑨ 話す ➡ s□□□□
⑩ 泳ぐ ➡ s□□□　⑪ 教える ➡ t□□□□　⑫ 書く ➡ w□□□□

B 日本語に合う英文を完成させましょう。148〜149ページで単語のつづりを確認したら、右の余白にもう2回、書いて練習しましょう。

① I _____ good news.
[いいニュースを聞きました。] ☆過去形のつづりと発音に注意。heared、「ヒアード」ではありません。

② Who _____ this cake?
[だれがこのケーキを作ったの？]

③ I _____ him at the station.
[駅で彼に会いました。]

④ I _____ his letter.
[私は彼の手紙を読みました。] ☆原形も過去形もつづり字は同じですが、発音がちがいます。

⑤ We _____ to the beach.
[私たちは走って浜辺へ行きました。] ☆原形と過去形の発音の違いに注意。

⑥ We _____ a lion.
[私たちには1頭のライオンが見えました。] ☆過去形の発音に注意。

⑦ I _____ my old computer.
[私は古いコンピュータを売りました。]

⑧ She _____ an English song.
[彼女は英語の歌を歌いました。]

⑨ They _____ English well.
[彼らは英語をじょうずに話しました。] ☆「英語を話す」は speak English、「英語で話す」は speak in English と言います。

⑩ We _____ in the river.
[私たちは川で泳ぎました。]

⑪ The teacher _____ English.
[その先生は英語を教えました。] ☆過去形のつづりと発音に注意。

⑫ I _____ a long letter to her.
[私は彼女に長い手紙を書きました。] ☆**write a letter to 〜＝〜に手紙を書く**

クイックレスポンステスト ④

英語 ☞ 日本語 英語を見て、その意味を日本語で言ってみましょう。

1	see	31	come	61	year	91	like
2	die	32	corner	62	study	92	skate
3	kiss	33	evening	63	world	93	smile
4	run	34	look	64	love	94	hurry
5	learn	35	country	65	jump	95	enjoy
6	visit	36	follow	66	cry	96	use
7	live	37	night	67	day	97	autumn
8	rain	38	do	68	center	98	catch
9	town	39	weekend	69	collect	99	fall
10	drink	40	cut	70	week	100	cover
11	birthday	41	sing	71	calendar	101	midnight
12	top	42	play	72	try	102	make
13	morning	43	answer	73	travel	103	join
14	want	44	return	74	north	104	hope
15	south	45	laugh	75	sell	105	listen
16	west	46	push	76	hear	106	vacation
17	month	47	buy	77	holiday	107	teach
18	time	48	winter	78	write	108	stay
19	swim	49	turn	79	jog	109	help
20	season	50	end	80	talk	110	snow
21	kick	51	afternoon	81	middle	111	city
22	east	52	eat	82	go	112	call
23	plan	53	wait	83	begin	113	dance
24	change	54	fly	84	wash	114	spring
25	have	55	close	85	carry	115	drop
26	ski	56	cook	86	stop	116	pull
27	open	57	read	87	weekday	117	Christmas
28	speak	58	meet	88	summer	118	work
29	get	59	start	89	finish	119	watch
30	noon	60	ask	90	clean	120	walk

レッスン31〜40をシャッフル

日本語を見て、それに相当する英単語を言ってみましょう。

日本語 ☞ 英語

1	見る；見える；会う(s)	31	来る(c)	61	年(y)	91	好む(l)
2	死ぬ(d)	32	角；すみ(c)	62	勉強する(s)	92	スケートをする(s)
3	キスする(k)	33	晩(e)	63	世界(w)	93	ほほえむ(s)
4	走る(r)	34	見る(l)	64	愛する(l)	94	急ぐ(h)
5	学ぶ；習う(l)	35	国；いなか(c)	65	ジャンプする；とぶ(j)	95	楽しむ(e)
6	訪問する(v)	36	従う；ついて行く(f)	66	泣く(c)	96	使う(u)
7	住む(l)	37	夜(n)	67	日(d)	97	秋(a)
8	雨が降る(r)	38	する(d)	68	中央；中心(c)	98	つかまえる(c)
9	町(t)	39	週末(w)	69	集める(c)	99	秋(f)
10	飲む(d)	40	切る(c)	70	週(w)	100	おおう(c)
11	誕生日(b)	41	歌う(s)	71	カレンダー(c)	101	深夜(m)
12	頂上；最上位(t)	42	遊ぶ；(スポーツなどを)する(p)	72	試みる(t)	102	作る(m)
13	朝(m)	43	答える(a)	73	旅行する(t)	103	加わる；入る(j)
14	ほしいと思う(w)	44	帰る；返す(r)	74	北(n)	104	望む；願う(h)
15	南(s)	45	笑う(l)	75	売る(s)	105	聞く(l)
16	西(w)	46	押す(p)	76	聞く；聞こえる(h)	106	休暇；休日(v)
17	月(m)	47	買う(b)	77	祝日；休日(h)	107	教える(t)
18	時間(t)	48	冬(w)	78	書く(w)	108	滞在する；とどまる(s)
19	泳ぐ(s)	49	向く；向ける(t)	79	ジョギングする(j)	109	助ける；手伝う(h)
20	季節(s)	50	終わる(e)	80	話す(t)	110	雪が降る(s)
21	ける(k)	51	午後(a)	81	中央；中間(m)	111	市；都市(c)
22	東(e)	52	食べる(e)	82	行く(g)	112	呼ぶ；電話をかける(c)
23	計画する(p)	53	待つ(w)	83	始まる；始める(b)	113	踊る(d)
24	変わる；変える(c)	54	飛ぶ(f)	84	洗う(w)	114	春(s)
25	持っている(h)	55	閉じる(c)	85	運ぶ(c)	115	落ちる；落とす(d)
26	スキーをする(s)	56	料理する(c)	86	止まる；止める(s)	116	引く(p)
27	開く；開ける(o)	57	読む(r)	87	平日(w)	117	クリスマス(c)
28	話す(s)	58	会う(m)	88	夏(s)	118	働く(w)
29	手に入れる(g)	59	出発する；始める(s)	89	終える(f)	119	見る(w)
30	正午(n)	60	たずねる；頼む(a)	90	きれいにする(c)	120	歩く(w)

※（ ）は最初の1文字です。

まとめて覚える！ ❾

形容詞と副詞の使い方

形容詞とは？

　big（大きい）、sick（病気だ）のように、ものや人の性質や状態をあらわすことば、つまり**名詞をくわしく説明することば**を形容詞と言います。
　形容詞には、次の2つの働きがあります。

(1) 〈形容詞＋名詞〉の形で、後ろの名詞をくわしく説明する。

　例　I have a **big dog**.（私は大きな犬を飼っています）
　　　　　　　　形容詞　名詞

　　☆big（形容詞）がdog（名詞）をくわしく説明しています。a dog（1ぴきの犬）→ a big dog（1ぴきの大きな犬）と考えましょう。

(2) 〈主語＋be動詞＋形容詞〉の形で、主語をくわしく説明する。

　例　**My dog is big**.（私の犬は大きいです）
　　　主語　be動詞　形容詞

　　☆My dog is a big. とは言わない点に注意。aは名詞の前に置くことばです（→p.21）。この文ではbigの後ろに名詞がないので、aは使いません。

　また、**〈名詞＋名詞〉**がひとまとまりの意味を表すことがあります。

　例　I am a **soccer fan**.（私はサッカーファンです）
　　　　　　　名詞　名詞

　　☆soccerは名詞ですが、この文ではsoccer fanが「サッカー（の）ファン」というまとまった意味を表しています。tennis court（テニスコート）やorange juice（オレンジジュース）なども同様です。

副詞とは？

形容詞が名詞をくわしく説明するのに対して、**名詞以外のものをくわしく説明する**のが副詞の働きです。副詞は**時**、**場所**、**程度**などを表し、文の最初や最後、文の途中などいろいろな位置に置くことができます。

例 Ben runs **fast**.（ベンは速く走ります）
　　　　　↑
　　　　副詞

☆fast（速く）は、走るスピードを説明しています。

例 She is **very** kind.（彼女はとても親切です）
　　　　　↑
　　　　副詞

☆very（とても）は、彼女が親切な程度を説明しています。

例 I'm happy **now**.（私は今楽しいです）

☆now（今）は、楽しいのがいつのことかを説明しています。

例 He goes **out** every Sunday.（彼は毎週日曜日に外出します）

☆outは「外へ」という意味の副詞で、go outで「外へ行く→外出する」という意味になります。また、この文ではevery Sunday（毎週日曜日に）もひとまとまりの副詞の働きをしています。

ここまでに学んだ英語の品詞をまとめると、次のようになります。

品詞	例	
名詞	boy（男の子）	dog（犬）
代名詞	I（私は）	this（これ）
動詞	is（〜です）	make（作る）
形容詞	big（大きい）	beautiful（美しい）
副詞	very（とても）	now（今）
冠詞	a/an（1つの）	the（その）
疑問詞	what（何）	when（いつ）

英語の品詞には、これらのほかに前置詞（→p.142）、接続詞、助動詞などがあります。

まとめて覚える！⑩ 体の一部を表す名詞

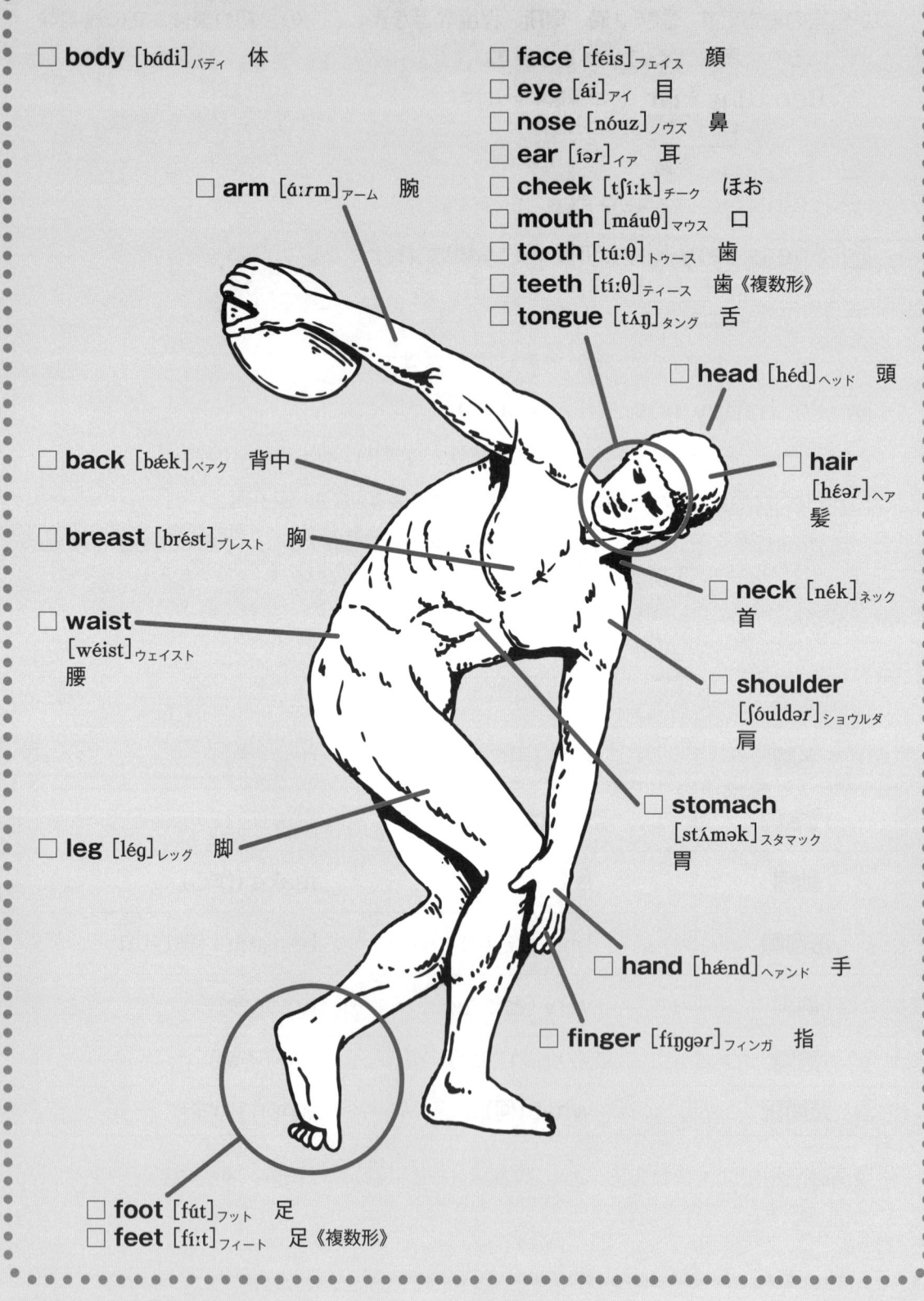

- **body** [bádi] バディ 体
- **face** [féis] フェイス 顔
- **eye** [ái] アイ 目
- **nose** [nóuz] ノウズ 鼻
- **ear** [íər] イア 耳
- **cheek** [tʃíːk] チーク ほお
- **mouth** [máuθ] マウス 口
- **tooth** [túːθ] トゥース 歯
- **teeth** [tíːθ] ティース 歯《複数形》
- **tongue** [tʌ́ŋ] タング 舌
- **arm** [áːrm] アーム 腕
- **head** [héd] ヘッド 頭
- **hair** [héər] ヘア 髪
- **back** [bǽk] ベァク 背中
- **breast** [brést] ブレスト 胸
- **neck** [nék] ネック 首
- **waist** [wéist] ウェイスト 腰
- **shoulder** [ʃóuldər] ショウルダ 肩
- **stomach** [stʌ́mək] スタマック 胃
- **leg** [lég] レッグ 脚
- **hand** [hǽnd] ヘァンド 手
- **finger** [fíŋgər] フィンガ 指
- **foot** [fút] フット 足
- **feet** [fíːt] フィート 足《複数形》

形容詞・副詞編

名詞をくわしく説明することば＝形容詞と、名詞以外のものをくわしく説明することば＝副詞を身につけましょう。レッスンは全部で10、形容詞を84語、副詞を36語習得できます。

レッスン 41 形容詞 ①

まずは12の英単語について、つづりと発音を身につけましょう。文字を見ながらCDを聞き、後に続いて単語と熟語を言ってみましょう。

	単語	意味	熟語	訳
☐ 1	**white** [hwáit] ワイト	白い	white clouds	白い雲
☐ 2	**black** [blǽk] ブレァック	黒い	a black box	黒い箱
☐ 3	**gray** [gréi] グレイ	灰色の	gray hair	灰色の髪；しらがのまじった髪
☐ 4	**red** [réd] ゥレッド	赤い	drive a red car	赤い車を運転する
☐ 5	**pink** [píŋk] ピンク	ピンク色の	a pink dress	ピンク色のドレス
☐ 6	**blue** つづり [blú:] ブルー	青い	the blue sky	青空
☐ 7	**green** [grí:n] グリーンヌ	緑色の	the **green** light	青信号 ※信号の「青」はblueでなくgreenで表します
☐ 8	**yellow** [jélou] イエロウ	黄色の	a yellow banana	黄色いバナナ
☐ 9	**brown** [bráun] ブラウンヌ	茶色の	a brown bag	茶色のバッグ
☐ 10	**colorful** [kʌ́lərfəl] カラフル	色とりどりの	a colorful ribbon	色とりどりのリボン
☐ 11	**light** [láit] ライト	明るい	a light color	明るい色
☐ 12	**dark** [dá:rk] ダーク	暗い	a dark night	暗い夜

CD 42

A 日本語とヒントのアルファベットを見て、単語を口に出して言ってみましょう。

① 白い　　　➡ w□□□□　　② 黒い　　　➡ b□□□□　　③ 灰色の　➡ g□□□
④ 赤い　　　➡ r□□　　　　⑤ ピンク色の ➡ p□□□　　⑥ 青い　　➡ b□□□
⑦ 緑色の　　➡ g□□□□　　⑧ 黄色の　　➡ y□□□□□　⑨ 茶色の　➡ b□□□□
⑩ 色とりどりの ➡ c□□□□□□□□　⑪ 明るい　➡ l□□□□　⑫ 暗い　　➡ d□□□

B 英文を見て、日本語訳の文を完成させましょう。149ページで正解を確認したら、右の余白に2回、英単語を書いて練習しましょう。

① I have a white cat.
　私は　_____　ネコを飼っています。

② Look at that black dog.　☆「白(と)黒」は、英語では black and white のように黒を先に言います。
　あの　_____　犬を見なさい。

③ My father's hair is gray.　☆gray は grey ともつづります。
　私の父の髪は　_____　です。

④ This red rose is beautiful.
　この　_____　バラはきれいです。

⑤ I have a pink handkerchief.
　私は　_____　ハンカチを持っています。

⑥ He drives that blue car.　☆つづり字に注意。
　彼はあの　_____　車を運転します。

⑦ This banana is green.
　このバナナは　_____　です。

⑧ What is that yellow fruit?
　あの　_____　くだものは何ですか。

⑨ I bought a brown bag.　☆発音に注意。つづり字の ow は「アウ」と読むこともあります。
　私は　_____　バッグを買いました。

⑩ I like this colorful picture.　☆-ful は「〜がいっぱいの」のという意味。color＋ful で「色がいっぱいの」です。
　私はこの　_____　絵が好きです。

⑪ My room is light.
　私の部屋は　_____　。

⑫ Look at those dark clouds.
　あの　_____　雲を見なさい。

レッスン 42 形容詞 ②

まずは12の英単語について、つづりと発音を身につけましょう。文字を見ながらCDを聞き、後に続いて単語と熟語を言ってみましょう。

	単語	意味	例	訳
☐ 1	**long** [lɔ́ːŋ] ローング	長い	a long vacation	長い休暇
☐ 2	**tall** [tɔ́ːl] トール	背が高い	a tall buidling	高いビル
☐ 3	**short** [ʃɔ́ːrt] ショート	短い；背が低い	She has short hair.	彼女は短髪です。
☐ 4	**high** 発音 [hái] ハイ	高い	a high price	高いねだん
☐ 5	**low** [lóu] ロウ	低い	a low tree	低木
☐ 6	**wide** [wáid] ワイド	広い	a wide river	幅の広い川
☐ 7	**deep** [díːp] ディープ	深い	a **deep sea** fish	深海魚
☐ 8	**big** [bíg] ビッグ	大きい	have a big dinner	たっぷりのディナーを食べる
☐ 9	**large** [láːrdʒ] ラーヂ	大きい	live in a large apartment	大きい[広い]アパートに住む
☐ 10	**great** [gréit] グレイト	大きい；偉大な	a great singer	偉大な歌手
☐ 11	**small** [smɔ́ːl] スモール	小さい	a small town	小さな町
☐ 12	**little** [lítl] リトル	小さい	a little girl	小さな女の子

A 日本語とヒントのアルファベットを見て、単語を口に出して言ってみましょう。

① 長い ➡ l□□□
② 背が高い ➡ t□□□
③ 短い；背が低い ➡ s□□□□
④ 高い ➡ h□□□
⑤ 低い ➡ l□□
⑥ 広い ➡ w□□□
⑦ 深い ➡ d□□□
⑧ 大きい ➡ b□□
⑨ 大きい ➡ l□□□□
⑩ 大きい；偉大な ➡ g□□□□
⑪ 小さい ➡ s□□□□
⑫ 小さい ➡ l□□□□□

B 英文を見て、日本語訳の文を完成させましょう。149ページで正解を確認したら、右の余白に2回、英単語を書いて練習しましょう。

① She wrote a long story.
　彼女は[　　　　　]物語を書きました。

② Who is that tall boy?　☆tall や人やものの背たけが高いという意味。
　あの[　　　　　]男の子はだれですか。

③ She has a short dress.　☆short はlong または tall の反意語です。
　彼女は[　　　　　]ドレスを持っています。

④ This wall is very high.　☆つづり字に注意。gh は発音しません。
　この壁はとても[　　　　　]。

⑤ I got a low score on the test.
　私はテストで[　　　　　]得点をとりました。

⑥ This street is wide.
　この通りは[　　　　　]。

⑦ This lake is deep.
　この湖は[　　　　　]。

⑧ I saw a big bird.　☆big はしばしば「体積が大きい」という意味で使います。
　私は[　　　　　]鳥を見ました。

⑨ We cleaned the large room.　☆large はしばしば「面積が大きい」という意味で使います。
　私たちはその[　　　　　]部屋をそうじしました。

⑩ She is a great artist.　☆great は「大きくて立派な」というニュアンス。
　彼女は[　　　　　]芸術家です。

⑪ I live in a small town.　☆small は「サイズが小さい」という意味。
　私は[　　　　　]町に住んでいます。

⑫ What is in this little box?　☆little は「小さくてかわいい」などの感情を含んだ形容詞です。
　この[　　　　　]箱の中に何が入っていますか？

レッスン43 形容詞 ③

まずは12の英単語について、つづりと発音を身につけましょう。文字を見ながらCDを聞き、後に続いて単語と熟語を言ってみましょう。

CD 44

			意味	例	訳
☐	1	**fine** [fáin] ファインヌ	すぐれた；元気な	I'm fine.	私は元気です。；だいじょうぶです。
☐	2	**nice** [náis] ナイス	すてきな；親切な	a nice restaurant	すてきなレストラン
☐	3	**hot** [hát] ハット	暑い；熱い	take a hot bath	熱いおふろに入る
☐	4	**cold** 発音 [kóuld] コウルド	寒い；冷たい	drink cold soup	冷たいスープを飲む
☐	5	**warm** 発音 [wɔ́ːrm] ウォーム	暖かい	It's warm today.	今日は暖かい。
☐	6	**cool** [kúːl] クール	涼しい	a cool night	涼しい夜
☐	7	**sunny** [sʌ́ni] サニ	晴れている	a sunny day	晴れた日
☐	8	**cloudy** [kláudi] クラウディ	曇っている	The sky is cloudy.	空が曇っている。
☐	9	**windy** [wíndi] ウィンディ	風が強い	It's windy today.	今日は風が強い。
☐	10	**rainy** [réini] ゥレイニ	雨が降っている	a rainy evening	雨が降っている晩
☐	11	**stormy** [stɔ́ːrmi] ストーミ	嵐の	on a stormy day	嵐の日に
☐	12	**snowy** [snóui] スノウィ	雪が降っている	a snowy morning	雪が降っている朝

| 学習日 | 月 日 | 月 日 | 月 日 |

A 日本語とヒントのアルファベットを見て、単語を口に出して言ってみましょう。

① すぐれた；元気な ➡ f☐☐☐
② すてきな；親切な ➡ n☐☐☐
③ 暑い；熱い ➡ h☐☐
④ 寒い；冷たい ➡ c☐☐☐
⑤ 暖かい ➡ w☐☐☐
⑥ 涼しい ➡ c☐☐☐
⑦ 晴れている ➡ s☐☐☐☐
⑧ 曇っている ➡ c☐☐☐☐☐
⑨ 風が強い ➡ w☐☐☐☐
⑩ 雨が降っている ➡ r☐☐☐
⑪ 嵐の ➡ s☐☐☐☐☐
⑫ 雪が降っている ➡ s☐☐☐☐

B 英文を見て、日本語訳の文を完成させましょう。149ページで正解を確認したら、右の余白に2回、英単語を書いて練習しましょう。

① **This is fine wine.** ☆How are you?（お元気ですか）に対して、I'm fine, thank you.（元気です、ありがとう）と答えられます。
   これは ☐☐☐ ワインです。

② **This is a nice place.**
   ここは ☐☐☐ 場所です。

③ **It's hot today.** ☆hot には「（味が）からい」という意味もあります。「（ぴりっと）からいカレー」はhot curry です。
   今日は ☐☐☐ です。

④ **This is cold water.** ☆「コールド」と読まないように。o の発音は [ou]（オウ）です。
   これは ☐☐☐ 水です。

⑤ **It's warm this spring.** ☆「ワーム」と読まないように。wa のつづり字はしばしば「ウォ」と読みます。
   今年の春は ☐☐☐ です。

⑥ **It's cool this summer.**
   今年の夏は ☐☐☐ です。

⑦ **It was sunny this morning.**
   けさは ☐☐☐ いました。

⑧ **It was cloudy this afternoon.** ☆名詞に -y をつけて形容詞を作ることができます。cloud（雲）+y=cloudy です。
   今日の午後は ☐☐☐ いました。

⑨ **It was windy last night.**
   ゆうべは ☐☐☐ です。

⑩ **It's rainy outside.**
   外は ☐☐☐ います。

⑪ **It was stormy yesterday.**
   きのうは ☐☐☐ の一日でした。

⑫ **It is snowy in Hokkaido.**
   北海道では ☐☐☐ います。

レッスン44 形容詞 ④

まずは12の英単語について、つづりと発音を身につけましょう。文字を見ながらCDを聞き、後に続いて単語と熟語を言ってみましょう。

□	単語	発音	意味	例	訳
1	**good**	[gúd] グッド	よい；じょうずな	I'm **good at** tennis.	私はテニスがとくいです。
2	**bad**	[bǽd] バァド	悪い	I'm **bad at** English.	私は英語が苦手です。
3	**lovely**	[lʌ́vli] ラヴリ	美しい；愛らしい	a lovely baby	愛らしい[かわいい]赤ちゃん
4	**beautiful**	[bjúːtəfəl] ビューティフル	美しい	a beautiful lake	美しい湖
5	**pretty**	[príti] プリティ	かわいい；きれいな	a pretty girl	かわいい女の子
6	**wonderful**	[wʌ́ndərfəl] ワンダフル	すばらしい	a wonderful picture	すばらしい絵
7	**fantastic**	[fæntǽstik] ファンテァスティク	すばらしい	a fantastic story	すばらしい物語
8	**cute**	[kjúːt] キュート	かわいい	a cute rabbit	かわいいウサギ
9	**terrible**	[térəbl] テリブル	ひどい	a terrible meal	ひどい食事
10	**right**	[ráit] ゥライト	正しい	the right answer	正しい答え
11	**wrong** 発音	[rɔ́ːŋ] ゥローング	悪い；まちがった	a wrong train	乗りまちがえた電車
12	**interesting** アクセント	[íntərəstiŋ] インタレスティング	おもしろい	an interesting book	おもしろい本

A 日本語とヒントのアルファベットを見て、単語を口に出して言ってみましょう。

① よい；じょうずな ➡ g□□□　　② 悪い ➡ b□□　　③ 美しい；愛らしい ➡ l□□□□□
④ 美しい ➡ b□□□□□□□　　⑤ かわいい；きれいな ➡ p□□□□□　　⑥ すばらしい ➡ w□□□□□□□□
⑦ すばらしい ➡ f□□□□□□□　　⑧ かわいい ➡ c□□□　　⑨ ひどい ➡ t□□□□□□□
⑩ 正しい ➡ r□□□□　　⑪ 悪い；まちがった ➡ w□□□□　　⑫ おもしろい ➡ i□□□□□□□□□

B 英文を見て、日本語訳の文を完成させましょう。150ページで正解を確認したら、右の余白に2回、英単語を書いて練習しましょう。

① **My sister is good at cooking.** ☆**be good at** 〜＝〜がとくい[じょうず]だ
　姉は料理が [　　　　] です。

② **My father is bad at singing.** ☆**be bad at** 〜＝〜が苦手[へた]だ
　父は歌うのが [　　　　] です。

③ **This is a lovely garden.**
　これは [　　　　] 庭です。

④ **Look at that beautiful picture.**
　あの [　　　　] 絵を見なさい。

⑤ **She has a pretty doll.**
　彼女は [　　　　] 人形を持っています。

⑥ **This is a wonderful photo.**
　これは [　　　　] 写真です。

⑦ **I read a fantastic story.**
　私は [　　　　] 物語を読みました。

⑧ **She has a cute cat.**
　彼女は [　　　　] ネコを飼っています。

⑨ **This is a terrible movie.** ☆bad よりもさらに「悪い」という意味を強調する語です。
　これは [　　　　] 映画です。

⑩ **Your answer is right.** ☆right には「右(の)」という意味もあります。
　あなたの答えは [　　　　] です。

⑪ **My answer was wrong.** ☆発音に注意。w の文字は発音しません。
　私の答えは [　　　　] いました。

⑫ **I read an interesting book.** ☆アクセントの位置に注意。最初を強く読みます。
　私は [　　　　] 本を読みました。

レッスン 45 形容詞 ⑤

CD 46

まずは12の英単語について、つづりと発音を身につけましょう。文字を見ながらCDを聞き、後に続いて単語と熟語を言ってみましょう。

☐ 1	**heavy** [hévi] ヘヴィ	重い； ひどい	a heavy handbag	重いハンドバッグ
☐ 2	**light** [láit] ライト	軽い	a light desk	軽いつくえ
☐ 3	**fast** [fæst] ファスト	速い	a fast runner	速いランナー
☐ 4	**slow** [slóu] スロウ	ゆっくりの	a slow train	ゆっくり走る電車
☐ 5	**next** [nékst] ネクスト	次の	the next page	次のページ
☐ 6	**last** [læst] レァスト	最後の； 一番最近の	the last bus	最終のバス
☐ 7	**new** [njúː] ニュー	新しい	my new bicycle	私の新しい自転車
☐ 8	**old** [óuld] オウルド	古い； 年取った	the good old days	古きよき時代
☐ 9	**easy** [íːzi] イーズィ	やさしい	an easy test	やさしいテスト
☐ 10	**difficult** [dífikʌlt] ディフィカルト	むずかしい	do difficult work	むずかしい仕事をする
☐ 11	**right** [ráit] ゥライト	右の	my right leg	私の右足
☐ 12	**left** [léft] レフト	左の	your left hand	あなたの左手

| 学習日 | 月 日 | 月 日 | 月 日 |

A 日本語とヒントのアルファベットを見て、単語を口に出して言ってみましょう。

① 重い；ひどい ➡ h□□□□　② 軽い ➡ l□□□□　③ 速い ➡ f□□□
④ ゆっくりの ➡ s□□□　⑤ 次の ➡ n□□□　⑥ 最後の；一番最近の ➡ l□□□
⑦ 新しい ➡ n□□　⑧ 古い；年取った ➡ o□□　⑨ やさしい ➡ e□□□
⑩ むずかしい ➡ d□□□□□□□□　⑪ 右の ➡ r□□□□　⑫ 左の ➡ l□□□

B 英文を見て、日本語訳の文を完成させましょう。150ページで正解を確認したら、右の余白に2回、英単語を書いて練習しましょう。

① I carried a heavy bag.
私は _____ バッグを運びました。

② This camera is small and light. ☆light には「明るい」という意味もあります。
このカメラは小さくて _____ です。

③ This is a fast car. ☆a fast train は「急行電車」。「ファストフード」は fast food です。
これは _____ 車です。

④ I ran at a slow speed.
私は _____ スピードで走りました。

⑤ We waited for the next bus. ☆next week [month / year]は「来週[来月／来年]」の意味。
私たちは _____ バスを待ちました。

⑥ I like the last song of this album. ☆last week [month / year]は「先週[先月／去年]」の意味。
私はこのアルバムの _____ 歌が好きです。

⑦ Our new teacher is kind.
私たちの _____ 先生は親切です。

⑧ That old man is my grandfather.
あの _____ 男の人は私の祖父です。

⑨ The English test was easy.
英語のテストは _____ です。

⑩ This question is difficult. ☆つづり字に注意。f を重ねます。
この問題は _____ です。

⑪ The building on the right is a hospital. ☆rightには「正しい」という意味もあります。
_____ 建物は病院です。

⑫ The bike on the left is Tom's.
_____ 自転車はトムのです。

まとめて覚える！⑪ 数字を覚えよう

単語	発音	意味
☐ one	[wʌ́n]ワンヌ	1
☐ two	[túː]トゥー	2
☐ three	[θríː]スリー	3
☐ four	[fɔ́ːr]フォー	4
☐ five	[fáiv]ファイヴ	5
☐ six	[síks]スィクス	6
☐ seven	[sévən]セヴンヌ	7
☐ eight	[éit]エイト	8
☐ nine	[náin]ナインヌ	9
☐ ten	[tén]テンヌ	10
☐ eleven	[ilévən]イレヴンヌ	11
☐ twelve	[twélv]トウェルヴ	12
☐ thirteen	[θə̀ːrtíːn]サーティーンヌ	13
☐ fourteen	[fɔ̀ːrtíːn]フォーティーンヌ	14
☐ fifteen	[fìftíːn]フィフティーンヌ	15
☐ sixteen	[sìkstíːn]スィクスティーンヌ	16
☐ seventeen	[sèvəntíːn]セヴンティーンヌ	17
☐ eighteen	[èitíːn]エイティーンヌ	18
☐ nineteen	[nàintíːn]ナインティーンヌ	19
☐ twenty	[twénti]トウェンティ	20
☐ thirty	[θə́ːrti]サーティ	30
☐ forty	[fɔ́ːrti]フォーティ	40
☐ fifty	[fífti]フィフティ	50
☐ sixty	[síksti]スィクスティ	60
☐ seventy	[sévənti]セヴンティ	70
☐ eighty	[éiti]エイティ	80
☐ ninety	[náinti]ナインティ	90
☐ hundred	[hʌ́ndrəd]ハンドレッド	100
☐ thousand	[θáuzənd]サウザンド	1000

数字の読み方

20より大きな数字は、次のように読みます。

例　21＝twenty-one　☆書くときはハイフン(-)を入れることもあります。
32＝thirty-two
99＝ninety-nine
105＝one [a] hundred (and) five
123＝one [a] hundred (and) twenty-three
200＝two hundred　☆hundreds（複数形）にはしません。
888＝eight hundred (and) eighty-eight
1,234＝one [a] thousand, two hundred (and) thirty-four
4,560＝four thousand, five hundred (and) sixty
12,345＝twelve thousand, three hundred (and) forty-five

時刻の表し方

時刻は、itを主語にして次のように表します。これらの文のitは「それ」とは訳しません。

例　**It's 5:30 now.**（今は5時30分です）
☆5:30はfive thirtyと読みます。

It's nine o'clock.（9時です）
☆o'clockは「〜時」の意味。

It's 11:10 a.m.（午前10時です）
☆a.m.は「午前」。「午後」はp.m.です。11:10はeleven tenと読みます。

What time is it (now)?（(今)何時ですか）

また、「〜時に」は〈at＋時刻〉で表します。（→p.142）

例　**I came home at 6.**（私は6時に帰宅しました）

重要単語いちらん

□ o'clock　[əklάk]アクラック　〜時　　　□ a.m.　[éiém]エイエム　午前
□ p.m.　[píːém]ピーエム　午後

レッスン 46 形容詞 ⑥

まずは12の英単語について、つづりと発音を身につけましょう。文字を見ながらCDを聞き、後に続いて単語と熟語を言ってみましょう。

CD 47

☐ 1	**wise** [wáiz] ワイズ	賢い	a wise man	賢人；賢い男性
☐ 2	**foolish** [fú:liʃ] フーリッシュ	ばかな	You're foolish.	君はばかだなあ。
☐ 3	**clever** [klévər] クレヴァ	りこうな	a clever student	りこうな生徒
☐ 4	**honest** 発音 [ánist] アネスト	正直な	an honest girl	正直な女の子
☐ 5	**kind** [káind] カインド	親切な	a kind doctor	親切な医者
☐ 6	**strong** [strɔ́:ŋ] ストゥローング	強い	a strong animal	強い動物
☐ 7	**weak** [wí:k] ウィーク	弱い	I have weak eyes.	私は目[視力]が弱い。
☐ 8	**fat** [fǽt] ファット	太っている	My brother is fat.	兄は太っています。
☐ 9	**young** [jʌ́ŋ] ヤング	若い	young boys and girls	若い少年少女たち
☐ 10	**well** [wél] ウェル	元気な	I'm very well.	私はとても元気です。
☐ 11	**ill** [íl] イル	病気の	**fall ill**	病気になる
☐ 12	**sick** [sík] スィック	病気の；気分が悪い	I'm sick.	私は病気[気分が悪い]です。

| 学習日 | 月 日 | 月 日 | 月 日 |

A 日本語とヒントのアルファベットを見て、単語を口に出して言ってみましょう。

① 賢い ➡ w□□□
② ばかな ➡ f□□□□□□
③ りこうな ➡ c□□□□□□
④ 正直な ➡ h□□□□□
⑤ 親切な ➡ k□□□
⑥ 強い ➡ s□□□□□
⑦ 弱い ➡ w□□□
⑧ 太っている ➡ f□□
⑨ 若い ➡ y□□□□
⑩ 元気な ➡ w□□□
⑪ 病気の ➡ i□□
⑫ 病気の；気分が悪い ➡ s□□□

B 英文を見て、日本語訳の文を完成させましょう。150ページで正解を確認したら、右の余白に2回、英単語を書いて練習しましょう。

① **The boy's mother was wise.**
   その男の子の母親は [　　　　　] 人でした。

② **Don't do foolish things.**
   [　　　　　] ことをしてはいけません。

③ **She is a clever student.**　☆clever は「頭が切れる」、wise は「分別がある」というニュアンス。
   彼女は [　　　　　] 生徒です。

④ **He has an honest son.**　☆最初の h の文字は発音せず、母音([ɑ])で始まるので an honest … と言います。
   彼は [　　　　　] 息子を持っています。

⑤ **The nurse was very kind.**
   その看護師はとても [　　　　　] でした。

⑥ **A lion is a strong animal.**
   ライオンは [　　　　　] 動物です。

⑦ **This rope is weak.**　☆week（週）と同じ発音。
   このロープは [　　　　　] です。

⑧ **My father is fat.**
   父は [　　　　　] います。

⑨ **Young girls came to the concert.**
   [　　　　　] 女の子たちがコンサートに来ました。

⑩ **My family is well.**　☆well には「じょうずに」（副詞）の意味もあります。
   私の家族は [　　　　　] です。

⑪ **My mother is ill in bed.**　☆be ill in bed＝病気で寝ている
   母は [　　　　　] で寝ています。

⑫ **Is your uncle sick?**　☆アメリカ英語ではsick、イギリス英語では ill をよく使います。
   あなたのおじさんは [　　　　　] ですか。

レッスン 47 形容詞 ⑦

まずは12の英単語について、つづりと発音を身につけましょう。文字を見ながらCDを聞き、後に続いて単語と熟語を言ってみましょう。

CD 48

	単語	意味	例	訳
☐ 1	**rich** [rítʃ] ウリッチ	金持ちの	a rich family	金持ちの家族
☐ 2	**poor** 発音 [púər] プア	貧しい	a poor farmer	貧しい農場主
☐ 3	**tired** [táiərd] タイアド	疲れている	He is tired.	彼は疲れている。
☐ 4	**hungry** [hʌ́ŋgri] ハングリ	空腹の	I'm hungry.	おなかがすいた。
☐ 5	**thirsty** つづり [θə́:rsti] サースティ	のどがかわいている	I'm thirsty.	のどがかわいた。
☐ 6	**glad** [glǽd] グレァド	うれしい	I'm glad to meet you.	お会いできてうれしいです。
☐ 7	**sad** [sǽd] セァド	悲しい	I read a sad story.	私は悲しい物語を読みました。
☐ 8	**happy** [hǽpi] ヘァピ	幸福な；うれしい	a happy face	うれしい顔つき
☐ 9	**unhappy** [ʌnhǽpi] アンヘァピ	不幸な；悲しい	an unhappy person	不幸な人
☐ 10	**lucky** [lʌ́ki] ラッキ	幸運な	You're lucky.	あなたは幸運ですね。
☐ 11	**unlucky** [ʌnlʌ́ki] アンラッキ	不運な	I'm unlucky.	ぼくは不運だ[ついてないよ]。
☐ 12	**every** [évri] エヴリ	すべての	every morning	毎朝

| 学習日 | 月 日 | 月 日 | 月 日 |

A 日本語とヒントのアルファベットを見て、単語を口に出して言ってみましょう。

① 金持ちの ➡ r□□□　② 貧しい ➡ p□□□　③ 疲れている ➡ t□□□□
④ 空腹の ➡ h□□□□□　⑤ のどがかわいている ➡ t□□□□□□　⑥ うれしい ➡ g□□□
⑦ 悲しい ➡ s□□　⑧ 幸福な；うれしい ➡ h□□□□　⑨ 不幸な；悲しい ➡ u□□□□□□□
⑩ 幸運な ➡ l□□□□　⑪ 不運な ➡ u□□□□□□　⑫ すべての ➡ e□□□□

B 英文を見て、日本語訳の文を完成させましょう。150～151ページで正解を確認したら、右の余白に2回、英単語を書いて練習しましょう。

① **He has a rich uncle.**
彼には [　　　] おじさんがいます。

② **He visited poor countries.** ☆発音に注意。
彼は [　　　] 国々を訪ねました。

③ **I'm not tired.**
私は [　　　] いません。

④ **Are you hungry?**
あなたは [　　　] ですか。

⑤ **He was thirsty.** ☆つづり字に注意。ir の発音は girl（女の子）と同じです。
彼は [　　　] いました。

⑥ **I'm glad to hear that.** ☆be glad to＋動詞の原形＝～してうれしい
それを聞いて [　　　] です。

⑦ **This is a sad film.**
これは [　　　] 映画です。

⑧ **The children were happy.** ☆I'm happy. は I'm glad. と同じ意味で使います。
その子どもたちは [　　　] でした。

⑨ **Nana was an unhappy girl.** ☆形容詞の前に un- をつけて「～ではない」という意味の語を作ることができます。
ナナは [　　　] 女の子でした。

⑩ **We were lucky.**
私たちは [　　　] でした。

⑪ **I was unlucky today.**
私は今日は [　　　] でした。

⑫ **I answered every question.** ☆every の後ろには単数形の名詞を置きます。every questions と言わないように。
私は [　　　] 質問に答えました。

レッスン 48 副詞 ①

まずは12の英単語について、つづりと発音を身につけましょう。文字を見ながらCDを聞き、後に続いて単語と熟語を言ってみましょう。

☐ 1	**up** [ʌ́p] アップ	上へ	**walk up** a hill	歩いて丘を上る
☐ 2	**down** [dáun] ダウンヌ	下へ	**go down** a mountain	山を下る
☐ 3	**in** [ín] インヌ	中へ	**Come in.**	入って来なさい。
☐ 4	**out** [áut] アウト	外へ	**Get out.**	出て行きなさい。
☐ 5	**on** [án] オンヌ	上へ；スイッチが入って	**turn on** the light	明かりをつける
☐ 6	**off** [ɔ́ːf] オーフ	外れて；スイッチが切れて	**turn off** the light	明かりを消す
☐ 7	**away** [əwéi] アウェイ	離れて	**go away**	立ち去る
☐ 8	**back** [bǽk] ベァク	後ろへ；戻って	**come back** (home)	（家へ）帰って来る
☐ 9	**here** [híər] ヒア	ここに；ここで	**Sit here.**	ここにすわりなさい。
☐ 10	**there** [ðɛ́ər] ゼア	そこに；そこで	**over there**	向こうに；あそこに
☐ 11	**home** [hóum] ホウム	家に；家で	**on my way home**	家に帰るとちゅうで
☐ 12	**abroad** 発音 [əbrɔ́ːd] アブロード	外国に；外国で	**study abroad**	留学する；外国で勉強する

A
日本語とヒントのアルファベットを見て、単語を口に出して言ってみましょう。

① 上へ ➡ u□
② 下へ ➡ d□□□
③ 中へ ➡ i□
④ 外へ ➡ o□□
⑤ 上へ；スイッチが入って ➡ o□
⑥ 外れて；スイッチが切れて ➡ o□□
⑦ 離れて ➡ a□□□
⑧ 後ろへ；戻って ➡ b□□□
⑨ ここに；ここで ➡ h□□□
⑩ そこに；そこで ➡ t□□□□
⑪ 家に；家で ➡ h□□□
⑫ 外国に；外国で ➡ a□□□□□

B
日本語に合う英文を完成させましょう。151ページで単語のつづりを確認したら、右の余白にもう2回、書いて練習しましょう。

① **The smoke went** _____ .
[煙は上がっていきました。] ☆go up=上がる

② **The plane flew** _____ .
[飛行機は飛んで下がっていきました。]

③ **The teacher came** _____ .
[先生が入ってきました。]

④ **My father went** _____ .
[父は外へ出ました[外出しました]。] ☆go out=外出する

⑤ **Turn** _____ **the TV.**
[テレビのスイッチを入れなさい。] ☆turn on ~=~のスイッチを入れる

⑥ **Turn** _____ **the TV.**
[テレビのスイッチを切りなさい。] ☆turn off ~=~のスイッチを切る

⑦ **They went** _____ .
[彼らは去って行きました。]

⑧ **He came** _____ **at two.**
[彼は2時に帰って来ました。] ☆come back=帰って来る／come home=帰宅する

⑨ **Wait** _____ .
[ここで待ちなさい。]

⑩ **The bathroom is over** _____ .
[トイレはあそこです。]

⑪ **The students went** _____ .
[生徒たちは家へ帰りました。] ☆go home=家へ帰る

⑫ **He went** _____ .
[彼は外国へ行きました。] ☆go abroad=外国へ行く

レッスン49 副詞 ②

まずは12の英単語について、つづりと発音を身につけましょう。文字を見ながらCDを聞き、後に続いて単語と熟語を言ってみましょう。

☐ 1	**now** [náu] ナウ	今	It's five o'clock now.	今は5時です。
☐ 2	**then** [ðén] ゼンヌ	そのとき；それから	Where were you then?	あなたはそのときどこにいましたか？
☐ 3	**again** [əgén] アゲンヌ	再び	See you again.	さようなら。；また会いましょう。
☐ 4	**always** [ɔ́:lweiz] オールウェイズ	いつも	I'm always happy.	私はいつも幸せです。
☐ 5	**usually** [jú:ʒuəli] ユージュアリ	ふだんは	I usually walk to school.	ふだんは歩いて登校します。
☐ 6	**often** 発音 [ɔ́:fən] オフンヌ	しばしば	We often play tennis.	私はしばしばテニスをします。
☐ 7	**sometimes** [sʌ́mtàimz] サムタイムズ	ときどき	I sometimes go to the movies.	私はときどき映画を見に行きます。
☐ 8	**soon** [sú:n] スーンヌ	まもなく；すぐに	See you soon.	すぐに（また）お会いしましょう。
☐ 9	**yesterday** [jéstərdèi] イエスタディ	きのう	It was rainy yesterday.	きのうは雨でした。
☐ 10	**today** [tədéi] トゥデイ	今日	It's cold today.	今日は寒い。
☐ 11	**tonight** [tənáit] トゥナイト	今夜	Call me tonight.	今夜私に電話してね。
☐ 12	**tomorrow** [təmɔ́:rou] トゥモーロウ アクセント つづり	明日	We have a test tomorrow.	私たちは明日テストがあります。

| 学習日 | 月 日 | 月 日 | 月 日 |

A 日本語とヒントのアルファベットを見て、単語を口に出して言ってみましょう。

① 今 ➡ n□□
② そのとき；それから ➡ t□□□
③ 再び ➡ a□□□□
④ いつも ➡ a□□□□□
⑤ ふだんは ➡ u□□□□□□
⑥ しばしば ➡ o□□□□
⑦ ときどき ➡ s□□□□□□□□
⑧ まもなく；すぐに ➡ s□□□
⑨ きのう ➡ y□□□□□□□□
⑩ 今日 ➡ t□□□□
⑪ 今夜 ➡ t□□□□□□
⑫ 明日 ➡ t□□□□□□□□

B 日本語に合う英文を完成させましょう。151ページで単語のつづりを確認したら、右の余白にもう2回、書いて練習しましょう。

① I'm hungry _____ .
[私は今おなかがすいています。]

② I was hungry _____ .
[私はそのときおなかがすいていました。] ☆「そのとき」は at that time とも言います。

③ We met _____ in America.
[私たちはアメリカで再び会いました。]

④ The door is _____ open.
[そのドアはいつも開いています。]

⑤ He _____ uses this computer.
[彼はふだんこのコンピュータを使います。] ☆「いつも」「しばしば」「ときどき」などの意味を表す副詞は、（一般）動詞の前に置きます。

⑥ The girl _____ plays with dolls.
[その女の子はしばしば人形で遊びます。] ☆t の音を[t]と発音する場合もあり、そのときは「オーフトゥン」のように聞こえます。

⑦ She _____ watches DVDs.
[彼女はときどきDVDを見ます。] ☆主語が3人称単数のとき、always や sometimes の後ろの現在形の動詞に -(e)s をつけるのを忘れないように。

⑧ The bus is coming _____ .
[バスはまもなく来ます。]

⑨ I made a cake _____ .
[きのうケーキを作りました。]

⑩ We have five classes _____ .
[私たちは今日5時間の授業があります。]

⑪ We have a party _____ .
[私たちは今夜パーティーを開きます。]

⑫ She is coming back _____ .
[彼女は明日帰って来ます。] ☆つづり字に注意。r を重ねます。

レッスン 50 副詞 ③

まずは12の英単語について、つづりと発音を身につけましょう。文字を見ながらCDを聞き、後に続いて単語と熟語を言ってみましょう。

CD 51

□	#	単語	発音	意味	例文	訳
□	1	**very**	[véri] ヴェリ	とても	His English is very good.	彼の英語はとてもじょうずです。
□	2	**so**	[sóu] ソウ	とても；そんなに	I'm so tired.	私はとても疲れています。
□	3	**too**	[túː] トゥー	〜もまた；あまりにも〜	This book is too difficult.	この本はむずかしすぎます。
□	4	**only** 発音	[óunli] オウンリ	ただ〜だけ；〜しかない	This is my only son.	これが私のただ1人の息子です。
□	5	**just**	[dʒʌ́st] ヂャスト	ちょうど；〜だけ	It's just 2:30 [two thirty].	ちょうど2時半です。
□	6	**really**	[ríːəli] ゥリーアリ	本当に	I'm really happy.	本当にうれしいです。
□	7	**greatly**	[gréitli] グレイトリ	大いに；とても	My town changed greatly.	私の町はとても変わりました。
□	8	**well**	[wél] ウェル	じょうずに	She sings well.	彼女はじょうずに歌います。
□	9	**hard**	[háːrd] ハード	熱心に	They work hard.	彼らは熱心に働きます。
□	10	**together**	[təɡéðər] トゥゲザァ	いっしょに	We go to school together.	私たちはいっしょに学校へ行きます。
□	11	**quickly**	[kwíkli] クウィックリ	すばやく	cook lunch quickly	すばやく昼食を作る
□	12	**suddenly**	[sʌ́dnli] サドゥンリ	突然	The car stopped suddenly.	車は急に止まった。

| 学習日 | 月 日 | 月 日 | 月 日 |

A 日本語とヒントのアルファベットを見て、単語を口に出して言ってみましょう。

① とても ➡ v□□□ ② とても；そんなに ➡ s□ ③ ~もまた；あまりにも~ ➡ t□□
④ ただ~だけ；~しかない ➡ o□□□ ⑤ ちょうど；~だけ ➡ j□□□ ⑥ 本当に ➡ r□□□□□
⑦ 大いに；とても ➡ g□□□□□□ ⑧ じょうずに ➡ w□□□ ⑨ 熱心に ➡ h□□□
⑩ いっしょに ➡ t□□□□□□ ⑪ すばやく ➡ q□□□□□□ ⑫ 突然 ➡ s□□□□□□□

B 日本語に合う英文を完成させましょう。151ページで単語のつづりを確認したら、右の余白にもう2回、書いて練習しましょう。

① She is _____ kind.
[彼女はとても親切です。]

② Why are you _____ happy?
[なぜそんなにうれしいの？]

③ This candy is _____ sweet.
[このキャンディーは甘すぎます。] ☆I like soccer, and baseball, too.（私はサッカーが好きで、野球も好きです）のような使い方もできます（too＝~も）。

④ I have _____ 100 yen.
[私は100円しか持っていません。] ☆「オンリー」と読まないように。つづり字の o は[ou]（オウ）と発音します。

⑤ My sister is _____ 20.
[私の姉はちょうど20歳です。] ☆It's just a joke.（ほんのジョークです）のような使い方もできます。この just は only の意味です。

⑥ This question is _____ difficult.
[この問題は本当にむずかしい。]

⑦ Japan changed _____ .
[日本は大きく変わりました。] ☆形容詞の great（大きな）に -ly をつけたもの。〈形容詞＋ly〉で副詞を作れます。

⑧ She plays the piano _____ .
[彼女はじょうずにピアノをひきます。] ☆形容詞のときは「元気な」の意味。

⑨ The boy studies _____ .
[その男の子は熱心に勉強します。] ☆形容詞のときは「つらい；むずかしい」の意味。

⑩ We sang _____ .
[私たちはいっしょに歌いました。]

⑪ He finished lunch _____ .
[彼はすばやく昼食を終えました。]

⑫ The baby cried _____ .
[赤ちゃんは突然泣きました。]

139

クイックレスポンステスト ❺

英語 ☞ 日本語 英語を見て、その意味を日本語で言ってみましょう。

1	short	31	deep	61	young	91	lovely
2	foolish	32	down	62	terrible	92	small
3	light	33	hard	63	yellow	93	so
4	right	34	new	64	next	94	kind
5	long	35	easy	65	left	95	happy
6	usually	36	home	66	fantastic	96	unlucky
7	lucky	37	only	67	fine	97	away
8	red	38	glad	68	clever	98	brown
9	tomorrow	39	windy	69	dark	99	heavy
10	good	40	fast	70	white	100	every
11	bad	41	slow	71	big	101	often
12	together	42	quickly	72	too	102	nice
13	on	43	again	73	tonight	103	last
14	weak	44	right	74	pink	104	just
15	soon	45	little	75	sick	105	low
16	wise	46	really	76	ill	106	up
17	old	47	beautiful	77	interesting	107	tired
18	today	48	wonderful	78	yesterday	108	sunny
19	there	49	unhappy	79	large	109	in
20	sad	50	green	80	thirsty	110	sometimes
21	light	51	abroad	81	off	111	colorful
22	great	52	greatly	82	hot	112	black
23	pretty	53	very	83	back	113	fat
24	cloudy	54	high	84	well	114	strong
25	hungry	55	cute	85	blue	115	gray
26	snowy	56	difficult	86	tall	116	rainy
27	poor	57	rich	87	wide	117	cold
28	stormy	58	now	88	then	118	wrong
29	honest	59	suddenly	89	here	119	well
30	out	60	always	90	cool	120	warm

レッスン41～50をシャッフル

日本語を見て、それに相当する英単語を言ってみましょう。

日本語 ☞ 英語

1	短い；背が低い(s)	31	深い(d)	61	若い(y)	91	美しい；愛らしい(l)
2	ばかな(f)	32	下へ(d)	62	ひどい(t)	92	小さい(s)
3	明るい(l)	33	熱心に(h)	63	黄色の(y)	93	とても；そんなに(s)
4	正しい(r)	34	新しい(n)	64	次の(n)	94	親切な(k)
5	長い(l)	35	やさしい(e)	65	左の(l)	95	幸福な；うれしい(h)
6	ふだんは(u)	36	家に；家で(h)	66	すばらしい(f)	96	不運な(u)
7	幸運な(l)	37	ただ～だけ；～しかない(o)	67	すぐれた；元気な(f)	97	離れて(a)
8	赤い(r)	38	うれしい(g)	68	りこうな(c)	98	茶色の(b)
9	明日(t)	39	風が強い(w)	69	暗い(d)	99	重い；ひどい(h)
10	よい；じょうずな(g)	40	速い(f)	70	白い(w)	100	すべての(e)
11	悪い(b)	41	ゆっくりの(s)	71	大きい(b)	101	しばしば(o)
12	いっしょに(t)	42	すばやく(q)	72	～もまた；あまりにも～(t)	102	すてきな；親切な(n)
13	上へ；スイッチが入って(o)	43	再び(a)	73	今夜(t)	103	最後の；一番最近の(l)
14	弱い(w)	44	右の(r)	74	ピンク色の(p)	104	ちょうど；～だけ(j)
15	まもなく；すぐに(s)	45	小さい(l)	75	病気の；気分が悪い(s)	105	低い(l)
16	賢い(w)	46	本当に(r)	76	病気の(i)	106	上へ(u)
17	古い；年取った(o)	47	美しい(b)	77	おもしろい(i)	107	疲れている(t)
18	今日(t)	48	すばらしい(w)	78	きのう(y)	108	晴れている(s)
19	そこに；そこで(t)	49	不幸な；悲しい(u)	79	大きい(l)	109	中へ(i)
20	悲しい(s)	50	緑色の(g)	80	のどがかわいている(t)	110	ときどき(s)
21	軽い(l)	51	外国に；外国で(a)	81	外れて；スイッチが切れて(o)	111	色とりどりの(c)
22	大きい；偉大な(g)	52	大いに；とても(g)	82	暑い；熱い(h)	112	黒い(b)
23	かわいい；きれいな(p)	53	とても(v)	83	後ろへ；戻って(b)	113	太っている(f)
24	曇っている(c)	54	高い(h)	84	じょうずに(w)	114	強い(s)
25	空腹の(h)	55	かわいい(c)	85	青い(b)	115	灰色の(g)
26	雪が降っている(s)	56	むずかしい(d)	86	背が高い(t)	116	雨が降っている(r)
27	貧しい(p)	57	金持ちの(r)	87	広い(w)	117	寒い；冷たい(c)
28	嵐の(s)	58	今(n)	88	そのとき；それから(t)	118	悪い；まちがった(w)
29	正直な(h)	59	突然(s)	89	ここに；ここで(h)	119	元気な(w)
30	外へ(o)	60	いつも(a)	90	涼しい(c)	120	暖かい(w)

※（　）は最初の1文字です。

まとめて覚える！12

前置詞の使い方

前置詞は「名詞（や代名詞）の前に置くことば」という意味で、〈前置詞＋名詞〉がひとまとまりの意味を表します。

例 I go <u>to school</u> <u>by bus</u>. （私はバスで学校に通います）
　　私は 行く　　学校へ　　　バスで

☆「学校へ（to school）」「バスで（by bus）」がひとまとまりの意味。前置詞で始まるフレーズは、後ろから訳すのが原則です。

be動詞の後ろに場所を表す〈前置詞＋名詞〉を置くと、be動詞は「～がある［いる］」という意味になります。

例 Your book <u>is</u> <u>on that desk</u>. （あなたの本はあの机の上にあります）
　　　　　～にある　　場所

☆この文を使って、Where is my book?（私の本はどこにありますか）という疑問文を作ることができます。

また、前置詞は動詞や形容詞と結びついて熟語を作ることがあります。

例 I **looked for** the key. （私はそのカギをさがしました）
☆look for ～＝～をさがす

例 My sister **is good at** cooking. （姉は料理がじょうずです）
☆be good at ～＝～がじょうず［得意］だ

前置詞の基本イメージ

前置詞は、基本的なイメージをつかむことが大切です。例をあげてみましょう。

◆**at** ＝ 1点に
　例 **at** the station （駅で）
　　 at noon （正午に）

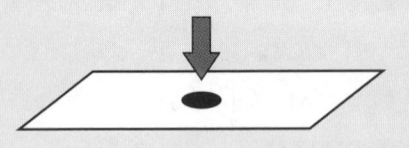

◆**by** ＝ 近くに
　例 **by** the gate （門のそばに）

◆**for** ＝ 向かう
　例 a book **for** children （子ども向けの本）

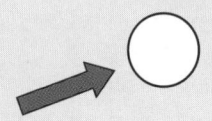

◆**from** = 出発点 ／ **to** = 到達点
　例 **from** Tokyo **to** Osaka（東京から大阪まで）

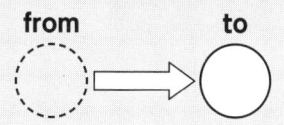

◆**in** = 中に入っている：
　例 **in** the room（部屋の中で）
　　 in summer（夏に）

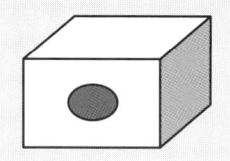

◆**into** = 中へ入る
　例 go **into** the room（部屋へ入る）

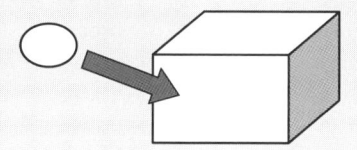

◆**out of** = 外へ出る
　例 go **out of** the room（部屋から出る）

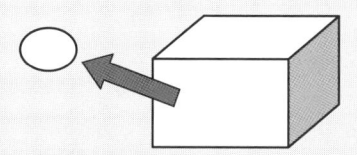

◆**of** = 所属している
　例 the name **of** this dog（この犬の名前）

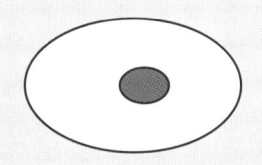

◆**on** = くっついている
　例 a picture **on** the wall（壁にかかった絵）

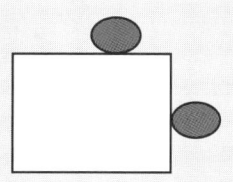

◆**with** = ともなっている
　例 work **with** him（彼といっしょに働く）

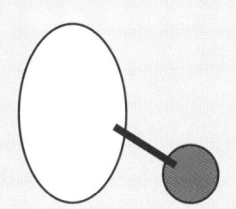

重要単語いちらん

□ at	[ǽt]ェアット	～に；～で		□ by	[bái]バイ	～のそばに；～によって
□ for	[fɔ́ːr]フォー	～のために；～の間		□ from	[frʌ́m]フラム	～から
□ to	[túː]トゥー	～まで；～へ		□ in	[ín]インヌ	～(の中)に
□ into	[íntuː]イントゥ	～の中へ		□ out of	[áutəv]アウタヴ	～から(外へ)
□ of	[ʌ́v]アヴ	～の		□ on	[ɑ́n]アンヌ	～(の上)に
□ with	[wíð]ウィズ	～といっしょに；～によって				

143

さくいん

A
abroad 134
afternoon 90
again 136
air 12
airplane 76
airport 78
alarm 48
album 54
always 136
animal 14
answer 98
apartment 24
apple 22
apron 28
art 50
artist 74
ask 98
autumn 92
away 134

B
baby 42
back 134
bad 124
bag 28
ball 68
banana 22
bank 80
barber 82
baseball 66
basket 48
basketball 66
bat 68
bath 26
bathroom 26
beach 12
beautiful 124
bed 24
bedroom 24
beef 40
beer 56
begin 108
bell 24
bench 80
bicycle 76
big 120
bike 76

bird 16
birthday 92
biscuit 64
black 118
blackboard 36
blue 118
boat 76
book 30
bookstore 82
bottle 26
box 48
boy 42
branch 16
bread 38
breakfast 18
bridge 82
brown 118
building 80
bus 76
butter 40
buy 108

C
café 56
cafeteria 56
cake 64
calendar 92
call 98
camera 54
camping 70
can 26
candy 64
cap 28
captain 68
car 76
card 36
carrot 18
carry 98
case 48
castle 80
cat 14
catch 108
CD 52
cell phone 54
cent 44
center 88
chair 36
chalk 36
change 98
cheese 40
chicken 14
chicken 40
child 42
children 42

chocolate 64
Christmas 92
church 80
city 88
class 30
classmate 30
classroom 30
clean 98
clever 130
clock 48
close 98
cloud 10
cloudy 122
club 36
coach 70
coat 28
cocoa 56
coffee 56
coin 44
cola 56
cold 122
collect 98
color 50
colorful 118
come 108
comic 52
computer 54
concert 50
cook 98
cookie 64
cool 122
corn 18
corner 88
country 88
court 68
cover 98
cow 14
cracker 64
cream 64
cry 98
cup 26
curry 38
cut 108
cute 124
cycling 70

D
dance 98
dancer 74
dark 118
day 90
deep 120
desk 36
dessert 62

die 100
difficult 126
dining 40
dinner 18
dish 62
do 108
doctor 74
dog 14
doghouse 16
doll 52
dollar 44
door 24
doorbell 24
doughnut 64
down 134
dress 28
drink 108
drink 56
driver 74
drop 100
DVD 52

E
earth 12
east 88
easy 126
eat 108
egg 40
end 100
English 30
enjoy 100
evening 90
event 50
every 132

F
fall 92
family 42
fan 70
fantastic 124
farm 82
farmer 74
fast 126
fat 130
festival 50
field 82
film 54
fine 122
finish 100
fire 12
fish 16
floor 24
flower 16
fly 108
follow 100

food 18	horse 14	lucky 132	open 102
foolish 130	hospital 80	lunch 18	orange 22
football 66	hot dog 38	**M**	out 134
fork 62	hot 122	mail 44	overcoat 28
friend 42	hotel 80	mailbox 44	**P**
fruit 22	house 24	make 110	page 30
fun 50	hungry 132	man 42	paint 50
G	hurry 100	map 82	pancake 64
game 68	**I**	market 82	paper 48
garden 26	ice 10	match 68	park 80
gas 78	ill 130	meal 18	party 48
gate 24	in 134	meat 40	pasta 38
get 108	interesting 124	meet 110	peach 22
gift 48	**J**	melon 22	pen 36
girl 42	jam 22	member 36	pencil 36
glad 132	jet 78	men 42	pepper 38
glass 26	job 74	menu 62	pet 16
go 108	jog 100	middle 88	phone 54
golf 66	join 100	midnight 90	photo 54
good 124	juice 56	milk 56	photograph 54
grape 22	jump 100	money 44	pianist 74
grass 16	just 138	month 90	piano 50
gray 118	**K**	moon 12	picnic 70
great 120	key 48	morning 90	picture 50
greatly 138	kick 102	mountain 10	pie 64
green 118	kid 42	mouse 14	pig 14
ground 12	kind 130	movie 54	pilot 74
gum 64	kiss 102	museum 50	pingpong 66
H	kitchen 26	music 50	pink 118
hall 80	knife 62	**N**	pitcher 68
ham 40	**L**	name 44	pizza 38
hamburger 38	lake 10	nature 12	place 82
handbag 28	land 12	net 68	plan 102
handkerchief 28	large 120	new 126	plane 76
happy 132	last 126	news 54	plant 16
hard 138	laugh 102	newspaper 54	plate 62
hat 28	learn 102	next 126	play 102
have 108	left 126	nice 122	player 68
hear 110	lemon 22	night 90	police 80
heavy 126	lesson 30	noodle 38	policeman 74
help 100	letter 44	noon 90	pool 70
here 134	light 118	north 88	poor 132
high 120	light 126	notebook 30	popcorn 64
hiking 70	like 102	now 136	pork 40
hill 10	lion 14	nurse 74	post 44
hobby 52	listen 102	**O**	postcard 44
hockey 66	little 120	off 134	potato 18
holiday 92	live 102	office 82	present 48
home 134	long 120	often 136	pretty 124
homework 36	look 102	old 126	pull 104
honest 130	love 102	on 134	puppy 14
honey 22	lovely 124	onion 18	purse 28
hope 100	low 120	only 138	push 104

Q
question 36
quickly 138
R
rabbit 14
race 70
racket 68
radio 52
railroad 78
rain 10
rain 104
rainy 122
read 110
reading 52
really 138
red 118
restaurant 62
return 104
ribbon 28
rice 38
rich 132
right 124
right 126
river 10
road 78
rocket 78
room 24
rose 16
rugby 66
run 110
runner 70
S
sad 132
salad 62
salt 22
sandwich 38
sauce 38
school 30
score 70
sea 10
seafood 40
season 92
see 110
sell 110
ship 76
shop 82
short 120
shower 26
sick 130
signal 78
sing 110
singer 74
skate 104

ski 104
sky 12
slow 126
small 120
smile 104
smoke 12
snow 10
snow 104
snowy 122
so 138
soap 26
soccer 66
soda 56
sometimes 136
song 50
soon 136
soup 62
south 88
speak 110
spoon 62
sport 66
spring 92
stadium 70
stamp 44
star 12
start 104
station 78
stay 104
steak 40
stew 40
stop 104
store 82
storm 10
stormy 122
story 52
street 78
strong 130
student 30
study 104
subway 76
suddenly 138
sugar 22
summer 92
sun 12
sunny 122
supermarket 82
supper 18
swim 110
swimming 66
T
table 26
tail 16
talk 106

tall 120
taxi 76
tea 56
teach 110
teacher 30
team 68
teamwork 68
telephone 54
television 52
tennis 66
terrible 124
test 36
textbook 30
then 136
there 134
thirsty 132
ticket 78
tiger 14
time 92
tired 132
toast 38
today 136
together 138
tomato 18
tomorrow 136
tonight 136
too 138
top 88
towel 26
tower 80
town 88
toy 52
traffic 78
train 76
training 70
travel 106
tree 16
truck 76
try 106
tulip 16
turn 106
TV 52
U
unhappy 132
unlucky 132
up 134
use 106
usually 136
V
vacation 92
vase 48
vegetable 18
very 138

video 52
visit 106
volleyball 66
W
wait 106
waiter 62
waitress 62
walk 106
wall 24
wallet 28
want 106
warm 122
wash 106
watch 106
watch 48
water 10
way 78
weak 130
week 90
weekday 90
weekend 90
well 130
well 138
west 88
white 118
wide 120
wind 10
window 24
windy 122
wine 56
winter 92
wise 130
woman 42
women 42
wonderful 124
work 106
work 74
world 88
write 110
wrong 124
Y
year 90
yellow 118
yen 44
yesterday 136
young 130
Z
zoo 80

中学英語スーパードリル　中1　単語練習帳

レッスン34～50—設問Bの正解いちらん

赤字になっている部分が、正しい解答です。
なお、ここに書かれている文はすべて、「英語→日本語→英語」の順でMP3 CDに音声が収録されています。
リスニング練習と音読練習に活用してください。

レッスン34　CD 52

① **Answer** my question.
私の質問に答えなさい。

② **Ask** me a question.
私に1つ質問しなさい。

③ Please **call** a taxi.
タクシーを呼んでください。

④ I **carried** a heavy bag.
私は重いバッグを運びました。

⑤ **Change** trains at Shibuya Station.
渋谷駅で電車を乗りかえなさい。

⑥ I **clean** my room every Sunday.
私は毎週日曜日に部屋をきれいにします。

⑦ I **closed** the door.
私はドアを閉めました。

⑧ **Collect** the test papers.
テストの問題用紙を集めなさい。

⑨ He **cooks** dinner on Sundays.
彼は日曜日にディナーを料理します。

⑩ Dust **covered** the desk.
ほこりがつくえをおおっていました。

⑪ The girl **cried**.
その女の子は泣きました。

⑫ We **danced** at the party.
私たちはパーティーで踊りました。

レッスン35　CD 53

① His aunt **died** last week.
彼のおばさんは先週亡くなりました。

② I **dropped** my purse on the train.
私は電車でさいふを落としました。

③ The festival **ended** at eight.
お祭りは8時に終わりました。

④ **Enjoy** the meal.
食事を楽しんでね。

⑤ They **finished** their work.
彼らは仕事を終えました。

⑥ **Follow** me.
私について来なさい。

⑦ She **helps** me with my cooking.
彼女は私の料理を手伝ってくれます。

⑧ I **hope** for your success.
私はあなたの成功を願っています。

⑨ We **hurried** to the station.
私たちは駅へ急ぎました。

⑩ I **jog** in this park.
私はこの公園でジョギングします。

⑪ I **joined** the soccer club.
私はサッカー部に入りました。

⑫ They **jumped** into the pool.
彼らはプールにとびこみました。

レッスン36　CD 54

① **Kick** this ball.
このボールをけりなさい。

② He **kissed** me on the cheek.
彼は私のほおにキスしました。

③ We **laughed** at his story.
私たちは彼の話を聞いて笑いました。

④ We **learn** English every day.
私たちは毎日英語を学んでいます。

⑤ My brother **likes** music.
兄は音楽が好きです。

⑥ **Listen** to me.
私の言うことを聞きなさい。

⑦ My uncle **lives** in Nagoya.
私のおじは名古屋に住んでいます。

⑧ **Look** at this photo.
この写真を見なさい。

⑨ She **loves** art.
彼女は芸術が大好きです。

⑩ I **opened** the case.
私はその箱を開けました。

⑪ We **planned** a party.
私たちはパーティーを計画しました。

⑫ I **played** tennis with a friend.
私は友だちとテニスをしました。

レッスン37

① **Pull** this rope.
このロープを引きなさい。

② **Push** this button.
このボタンを押しなさい。

③ It **rained** last Sunday.
先週の日曜日に雨が降りました。

④ He **returned** to his country.
彼は自分の国へ帰りました。

⑤ We **skated** on the ice.
私たちは氷の上でスケートをしました。

⑥ We **ski** in winter.
私たちは冬にはスキーをします。

⑦ The woman **smiled**.
その女性はほほえみました。

⑧ It **snowed** last night.
ゆうべ雪が降りました。

⑨ We **started** at eight in the morning.
私たちは午前8時に出発しました。

⑩ I **stayed** home today.
私は今日は家にいました。

⑪ The train **stopped**.
電車は止まりました。

⑫ He **studies** hard.
彼は熱心に勉強します。

レッスン38

① I **talked** with her in English.
私は彼女と英語で話しました。

② We **traveled** to Canada.
私たちはカナダへ旅行しました。

③ **Try** this shampoo.
このシャンプーを試してみなさい。

④ **Turn** right.
右を向きなさい。

⑤ My sister **uses** this car.
姉はこの車を使います。

⑥ We **visited** the museum.
私たちはその博物館を訪ねました。

⑦ **Wait** for his answer.
彼の返事を待ちなさい。

⑧ He **walks** to school.
彼は歩いて学校へ行きます。

⑨ I **want** a brother.
私は弟がほしいです。

⑩ I **washed** the dishes.
私はお皿を洗いました。

⑪ We **watched** the DVD.
私たちはそのDVDを見ました。

⑫ She **works** at a supermarket.
彼女はスーパーマーケットで働いています。

レッスン39

① The test **began** at nine.
テストは9時に始まりました。

② I **bought** a new camera.
私は新しいカメラを買いました。

③ He **caught** a rabbit.
彼はウサギをつかまえました。

④ He **came** to my house.
彼は私の家へ来ました。

⑤ I **cut** my finger.
私は指を切りました。

⑥ I **did** my homework.
私は宿題をしました。

⑦ They **drank** wine and beer.
彼らはワインとビールを飲みました。

⑧ I **ate** pasta for lunch.
私は昼食にパスタを食べました。

⑨ The bird **flew** high.
その鳥は高く飛びました。

⑩ I **got** a concert ticket.
私はコンサートのキップを手に入れました。

⑪ We **went** to the movies.
私たちは映画に行きました。

⑫ She **had** long hair.
彼女は長い髪を持っていました。

レッスン40

① I **heard** good news.
いいニュースを聞きました。

② Who **made** this cake?
だれがこのケーキを作ったの？

③ I **met** him at the station.
駅で彼に会いました。

④ I **read** his letter.
私は彼の手紙を読みました。

⑤ We **ran** to the beach.
私たちは走って浜辺へ行きました。

⑥ We **saw** a lion.
私たちには1頭のライオンが見えました。

⑦ I **sold** my old computer.
私は古いコンピュータを売りました。

⑧ She **sang** an English song.
彼女は英語の歌を歌いました。

⑨ They **spoke** English well.
彼らは英語をじょうずに話しました。

⑩ We **swam** in the river.
私たちは川で泳ぎました。

⑪ The teacher **taught** English.
その先生は英語を教えました。

⑫ I **wrote** a long letter to her.
私は彼女に長い手紙を書きました。

レッスン41　CD 59

① I have a white cat.
私は白いネコを飼っています。

② Look at that black dog.
あの黒い犬を見なさい。

③ My father's hair is gray.
私の父の髪は灰色です。

④ This red rose is beautiful.
この赤いバラはきれいです。

⑤ I have a pink handkerchief.
私はピンク色のハンカチを持っています。

⑥ He drives that blue car.
彼はあの青い車を運転します。

⑦ This banana is green.
このバナナは緑色です。

⑧ What is that yellow fruit?
あの黄色のくだものは何ですか。

⑨ I bought a brown bag.
私は茶色のバッグを買いました。

⑩ I like this colorful picture.
私はこの色とりどりの絵が好きです。

⑪ My room is light.
私の部屋は明るい。

⑫ Look at those dark clouds.
あの暗い雲を見なさい。

レッスン42　CD 60

① She wrote a long story.
彼女は長い物語を書きました。

② Who is that tall boy?
あの背が高い男の子はだれですか。

③ She has a short dress.
彼女は短いドレスを持っています。
※shortはほかに「背が低い」という意味もあります。

④ This wall is very high.
この壁はとても高い。

⑤ I got a low score on the test.
私はテストで低い得点をとりました。

⑥ This street is wide.
この通りは広い。

⑦ This lake is deep.
この湖は深い。

⑧ I saw a big bird.
私は大きな鳥を見ました。

⑨ We cleaned the large room.
私たちはその大きな(広い)部屋をそうじしました。

⑩ She is a great artist.
彼女は偉大な芸術家です。

⑪ I live in a small town.
私は小さい町に住んでいます。

⑫ What is in this little box?
この小さい箱の中に何が入っていますか？

レッスン43　CD 61

① This is fine wine.
これは上等のワインです。
※fineはほかに「すぐれた」という意味もあります。

② This is a nice place.
ここはすてきな場所です。

③ It's hot today.
今日は暑いです。

④ This is cold water.
これは冷たい水です。

⑤ It's warm this spring.
今年の春は暖かいです。

⑥ It's cool this summer.
今年の夏は涼しいです。

⑦ It was sunny this morning.
けさは晴れていました。

⑧ It was cloudy this afternoon.
今日の午後は曇っていました。

⑨ It was windy last night.
ゆうべは風が強かったです。

⑩ It's rainy outside.
外は雨が降っています。

⑪ It was stormy yesterday.
きのうは嵐の一日でした。

⑫ It is snowy in Hokkaido.
北海道では雪が降っています。

レッスン44

① My sister is good at cooking.
姉は料理が**とくい**[**じょうず**]です。

② My father is bad at singing.
父は歌うのが**苦手**[**へた**]です。

③ This is a lovely garden.
これは**美しい**庭です。

④ Look at that beautiful picture.
あの**美しい**絵を見なさい。

⑤ She has a pretty doll.
彼女は**かわいい**人形を持っています。

⑥ This is a wonderful photo.
これは**すばらしい**写真です。

⑦ I read a fantastic story.
私は**すばらしい**物語を読みました。

⑧ She has a cute cat.
彼女は**かわいい**ネコを飼っています。

⑨ This is a terrible movie.
これは**ひどい**映画です。

⑩ Your answer is right.
あなたの答えは**正しい**です。

⑪ My answer was wrong.
私の答えは**まちがって**いました。

⑫ I read an interesting book.
私は**おもしろい**本を読みました。

レッスン45

① I carried a heavy bag.
私は**重い**バッグを運びました。
※heavyはほかに「**ひどい**」という意味もあります。

② This camera is small and light.
このカメラは小さくて**軽い**です。

③ This is a fast car.
これは**速い**車です。

④ I ran at a slow speed.
私は**ゆっくりの**スピードで走りました。

⑤ We waited for the next bus.
私たちは**次の**バスを待ちました。

⑥ I like the last song of this album.
私はこのアルバムの**最後の**歌が好きです。

⑦ Our new teacher is kind.
私たちの**新しい**先生は親切です。

⑧ That old man is my grandfather.
あの**年取った**男の人は私の祖父です。

⑨ The English test was easy.
英語のテストは**やさしかった**です。

⑩ This question is difficult.
この問題は**むずかしい**です。

⑪ The building on the right is a hospital.
右の建物は病院です。

⑫ The bike on the left is Tom's.
左の自転車はトムのです。

レッスン46

① The boy's mother was wise.
その男の子の母親は**賢い**人でした。

② Don't do foolish things.
ばかなことをしてはいけません。
※foolishはほかに「**愚かな**」という意味もあります。

③ She is a clever student.
彼女は**りこうな**生徒です。

④ He has an honest son.
彼は**正直な**息子を持っています。

⑤ The nurse was very kind.
その看護師はとても**親切**でした。

⑥ A lion is a strong animal.
ライオンは**強い**動物です。

⑦ This rope is weak.
このロープは**弱い**です。

⑧ My father is fat.
父は**太って**います。

⑨ Young girls came to the concert.
若い女の子たちがコンサートに来ました。

⑩ My family is well.
私の家族は**元気**です。

⑪ My mother is ill in bed.
母は**病気**で寝ています。

⑫ Is your uncle sick?
あなたのおじさんは**病気**ですか。

レッスン47

① He has a rich uncle.
彼には**金持ちの**おじさんがいます。

② He visited poor countries.
彼は**貧しい**国々を訪ねました。

③ I'm not tired.
私は**疲れて**いません。

④ Are you hungry?
あなたは**空腹**ですか。

⑤ He was thirsty.
彼は**のどがかわいて**いました。

⑥ I'm glad to hear that.
それを聞いて**うれしい**です。

⑦ This is a **sad** film.
これは悲しい映画です。

⑧ The children were **happy**.
その子どもたちは幸福[幸せ]でした。

⑨ Nana was an **unhappy** girl.
ナナは不幸な女の子でした。

⑩ We were **lucky**.
私たちは幸運でした。

⑪ I was **unlucky** today.
私は今日は不運でした。

⑫ I answered **every** question.
私はすべての質問に答えました。

レッスン48　CD 66

① The smoke went **up**.
煙は上がっていきました。

② The plane flew **down**.
飛行機は飛んで下がっていきました。

③ The teacher came **in**.
先生が入ってきました。

④ My father went **out**.
父は外へ出ました[外出しました]。

⑤ Turn **on** the TV.
テレビのスイッチを入れなさい。

⑥ Turn **off** the TV.
テレビのスイッチを切りなさい。

⑦ They went **away**.
彼らは去って行きました。

⑧ He came **back** at two.
彼は2時に帰って来ました。

⑨ Wait **here**.
ここで待ちなさい。

⑩ The bathroom is over **there**.
トイレはあそこです。

⑪ The students went **home**.
生徒たちは家へ帰りました。

⑫ He went **abroad**.
彼は外国へ行きました。

レッスン49　CD 67

① I'm hungry **now**.
私は今おなかがすいています。

② I was hungry **then**.
私はそのときおなかがすいていました。

③ We met **again** in America.
私たちはアメリカで再び会いました。

④ The door is **always** open.
そのドアはいつも開いています。

⑤ He **usually** uses this computer.
彼はふだんこのコンピュータを使います。

⑥ The girl **often** plays with dolls.
その女の子はしばしば人形で遊びます。

⑦ She **sometimes** watches DVDs.
彼女はときどきDVDを見ます。

⑧ The bus is coming **soon**.
バスはまもなく来ます。

⑨ I made a cake **yesterday**.
きのうケーキを作りました。

⑩ We have five classes **today**.
私たちは今日5時間の授業があります。

⑪ We have a party **tonight**.
私たちは今夜パーティーを開きます。

⑫ She is coming back **tomorrow**.
彼女は明日帰って来ます。

レッスン50　CD 68

① She is **very** kind.
彼女はとても親切です。

② Why are you **so** happy?
なぜそんなにうれしいの？

③ This candy is **too** sweet.
このキャンディーは甘すぎます。

④ I have **only** 100 yen.
私は100円しか持っていません。

⑤ My sister is **just** 20.
私の姉はちょうど20歳です。

⑥ This question is **really** difficult.
この問題は本当にむずかしい。

⑦ Japan changed **greatly**.
日本は大きく変わりました。

⑧ She plays the piano **well**.
彼女はじょうずにピアノをひきます。

⑨ The boy studies **hard**.
その男の子は熱心に勉強します。

⑩ We sang **together**.
私たちはいっしょに歌いました。

⑪ He finished lunch **quickly**.
彼はすばやく昼食を終えました。

⑫ The baby cried **suddenly**.
赤ちゃんは突然泣きました。

●監修者・著者紹介

安河内哲也　Tetsuya Yasukochi

1967年生まれ。東進ビジネススクール・東進ハイスクール講師、言語文化舎代表。帰国子女でも留学経験者でもないが、TOEIC TESTにおいて、リスニング、リーディング、スピーキング、ライティングでの合計1390点満点取得をはじめ、国連英検特A級、英検1級、通訳案内士など10以上の英語資格を取得。独自のメソッドを詰め込んだ熱い講義は多くの人から絶賛される。著書は『新TOEIC TEST英文法・語彙スピードマスター』『ゼロからスタート　英文法』『ゼロからスタート　リスニング』『小学英語スーパードリル①②③』（以上、Jリサーチ出版）ほか70冊以上に及ぶ。URLはwww.yasukochi.jp

佐藤誠司　Sato Seishi

東京大学文学部英文科卒。広島県教育委員会事務局、私立中学・高校の英語教員などを経て、現在は(有)佐藤教育研究所を主宰。英語学習全般の著作活動を行っている。著書は、『中学英語を5日間でやり直す本』(PHP文庫)『超整理 TOEICテストビジュアル英単語』『満点を狙うセンター試験英語　文法・読解』（共著・ジャパンタイムズ）、『高校生のための英語学習ガイドブック』（岩波ジュニア新書）、『アトラス総合英語』（共著・桐原書店）、『英語教育村の真実』（南雲堂）、『魔法のコロケーション』（Jリサーチ出版）ほか90冊以上に及ぶ。

カバーデザイン	土岐晋二（d-fractal）
本文デザイン／DTP	木村祐一（株式会社ゼロメガ）
CDナレーション	Helen Morrison
	水月優希

中学英語スーパードリル
中1 単語練習帳

平成27年（2015年）2月10日　初版第1刷発行
令和　6年（2024年）4月10日　　　第3刷発行

監修者	安河内哲也
著　者	佐藤誠司
発行人	福田富与
発行所	有限会社　Jリサーチ出版
	〒166-0002　東京都杉並区高円寺北2-29-14-705
	電話 03(6808)8801(代)　FAX 03(5364)5310(代)
	編集部 03(6808)8806
	https://www.jresearch.co.jp/
印刷所	㈱シナノ パブリッシング プレス

ISBN978-4-86392-217-4　禁無断転載。なお、乱丁・落丁本はおとりかえいたします。

© 2015 Tetsuya Yasukochi, Seishi Sato, All rights reserved.